El coste de vivir

Deborah Levy (Johannesburgo, 1959) es novelista, dramaturga y poeta británica. Es autora de ocho novelas: *Beautiful Mutants* (1986), *Swallowin Geography* (1993), *The Unloved* (1994), *Billy & Girl* (1996), *Nadando a casa* (2015), *Leche caliente* (2018), *El hombre que lo vio todo* (2022) y *Azul de agosto* (2024). *Nadando a casa* fue finalista del Man Booker Prize y del Jewish Quarterly Wingate Prize en 2012, y *Leche caliente* fue seleccionada para el Man Booker Prize y el Goldsmiths Prize en 2016. Deborah Levy es también autora de una colección de cuentos, *Black Vodka* (2013), finalista del BBC International Short Story Award y del Frank O'Connor International Short Story Award. Ha escrito para la Royal Shakespeare Company y para la BBC. *Cosas que no quiero saber* (2020), *El coste de vivir* (2020) y *Una casa propia* (2022) forman su «autobiografía en construcción». Los dos primeros volúmenes recibieron el Premio Femina Étranger.

DEBORAH LEVY

El coste de vivir

Traducción de
Cruz Rodríguez Juiz

DEBOLS!LLO

Papel certificado por el Forest Stewardship Council®

MIXTO
Papel
FSC® C117695
www.fsc.org

Penguin
Random House
Grupo Editorial

Título original: *The Cost of Living*

Primera edición en Debolsillo: mayo de 2026

Printed in Spain – Impreso en España

ISBN: 978-84-663-8998-3
Depósito legal: B-4.293-2026

Impreso en Novoprint
Sant Andreu de la Barca (Barcelona)

P 3 8 9 9 8 3

Siempre te resultas más irreal que los demás.

MARGUERITE DURAS,

La vida material (1990)

ÍNDICE

1

EL GRAN PLATA

Tal como nos enseñó Orson Welles, si queremos un final feliz, este depende de dónde acabemos la historia. Una noche de enero estaba comiendo arroz con coco y pescado en un bar de la costa caribeña de Colombia. En la mesa de al lado había un estadounidense bronceado y tatuado. El hombre tenía casi cincuenta años, brazos fuertes y musculosos y el pelo plateado recogido en un moño. Estaba hablando con una joven inglesa, de unos diecinueve años, que antes estaba leyendo sola pero que, tras ciertos titubeos, había aceptado la invitación a su mesa. Al principio solo hablaba él. Al cabo de un rato ella lo interrumpió.

La conversación de la chica era interesante, intensa y extraña. Contaba que había estado buceando en México, que había pasado veinte minutos bajo el agua y al emerger se había topado con una tormenta. El mar se había transformado en un remolino y le había dado miedo regresar al barco. Aunque la historia trataba sobre descubrir que el tiempo había cambiado al emerger después de haber estado buceando, también hablaba de un dolor oculto. La chica dio varias pistas al respecto (en el barco había alguien que en su opinión debería haber intentado socorrerla) y luego miró al hombre para ver si entendía que hablaba de la tormenta con segundos sentidos. El tipo no estaba interesado y movió las rodillas de tal manera que levantó la mesa y tiró el libro de la chica al suelo.

—Hablas mucho, ¿no? —dijo él.

La chica lo meditó, peinándose las puntas del pelo mientras miraba a dos adolescentes que vendían puros y camisetas de fútbol a los turistas en la plaza adoquinada. No era tan fácil transmitirle a aquel tipo, un hombre mucho mayor, que el mundo también era de ella. Él se había arriesgado al invitarla a sentarse a su mesa. Al fin y al cabo, la chica venía con una vida y una libido propias. Al hombre no se le había ocurrido que ella pudiera no considerarse un «personaje secundario» y no tomarlo a él por protagonista. En ese sentido, la chica había traspasado un límite, había derribado una jerarquía social, había roto con los rituales acostumbrados.

La chica le preguntó qué contenía el cuenco donde estaba hundiendo los nachos. Él le respondió que ceviche, pescado crudo marinado en zumo de lima, que en la carta aparecía en inglés como *sexvice*: «Con condón para acompañar», dijo. Cuando ella sonrió, supe que intentaba parecer más atrevida de lo que era, parecer una chica que viajaba sola, leía un libro y se bebía una cerveza sola en un bar de noche, alguien capaz de arriesgarse a entablar una conversación increíblemente enrevesada con un desconocido. La chica aceptó la invitación a probar el ceviche, luego rechazó el ofrecimiento de ir a nadar juntos a una zona aislada de la playa local que, le garantizó él, quedaba «lejos de las rocas».

Al rato, el hombre dijo:

—No me gusta bucear. Si tuviera que hacerlo, bajaría a buscar oro.

—Vaya, qué curioso. Estaba pensando en llamarte el Gran Plata.

—¿Por qué Gran Plata?

—Es como se llamaba el barco de buceo.

Él meneó la cabeza, perplejo, y pasó la mirada de los pechos de la chica al neón de Salida de encima de la puerta. Ella volvió a sonreír, pero no fue sincera.

Creo que sabía que tenía que calmar la turbulencia que la había acompañado desde México hasta Colombia. Decidió retractarse.

—No, Gran Plata por el pelo plateado y el aro de la ceja.

—Soy un vagabundo. Vivo a la deriva.

La chica pagó su cuenta y pidió al hombre que recogiera el libro que él había tirado sin querer al suelo, lo cual lo obligó a agacharse y buscar bajo la mesa y acercarse el libro con un pie. Le llevó un rato y, cuando volvió a emerger con el libro en la mano, la chica no se mostró ni agradecida ni descortés. Solo dijo: «Gracias».

Mientras la camarera recogía los platos repletos de pinzas de cangrejos y raspas de pescado, me acordé de la cita de Oscar Wilde: «Sé tú mismo, todos los demás personajes están cogidos». No era del todo cierto en el caso de la chica. Ella debía apostar por un yo que poseyera libertades que el Gran Plata daba por descontadas… al fin y al cabo, ser él mismo no le suponía el menor problema.

«Hablas mucho, ¿no?»

Decir las cosas tal cual las pensamos es una libertad que la mayoría elegimos no tomarnos, pero me pareció que las palabras que quería decir la chica estaban muy vivas dentro de ella, tan misteriosas para ella misma como para el resto.

Más tarde, mientras estaba escribiendo en el balcón del hotel, pensé en cómo había invitado al errante Gran Plata a leer entre líneas su dolor oculto. La chica podría haber terminado la historia describiéndole las maravillas que había contemplado en las serenas profundidades marinas antes de la tormenta. Habría sido un final feliz, pero no lo dejó ahí. Le estaba planteando (y se estaba planteando) una pregunta: ¿Crees que la persona del barco me abandonó? El Gran Plata era el lector equivocado para su historia, pero bien pensado, tal vez ella fuera la lectora perfecta para la mía.

2

LA TEMPESTAD

Reinaba la calma. Brillaba el sol. Nadaba en las profundidades. Y luego, cuando emergí al cabo de veinte
años, descubrí que una tormenta, un remolino, un
fuerte vendaval levantaba las olas por encima de mi
cabeza. Al principio no me vi capaz de regresar al
barco y luego me di cuenta de que no quería volver
a él. Se supone que lo que más debe atemorizarnos es
el caos, pero he terminado por creer que tal vez sea lo
que más deseamos. Si no creemos en el futuro que
planeamos, en la casa por la que nos hemos hipoteca-
do, en la persona que duerme a nuestro lado, es posible que una tempestad (que acecha desde hace tiempo en los nubarrones) nos acerque al modo en que
queremos estar en el mundo.

La vida se desmorona. Intentamos aferrarnos y su-
jetarla. Y entonces nos damos cuenta de que no queremos hacerlo.

Cuando rondaba los cincuenta años y se suponía que la vida debía ir ralentizándose, volviéndose más estable y predecible, la vida se volvió más rápida, inestable, impredecible. Mi matrimonio era el barco y yo sabía que si volvía nadando hasta él me ahogaría. También es el fantasma que me perseguirá toda la vida. Nunca dejaré de llorar mi largo anhelo de un amor duradero que no reduzca a sus actores protagonistas a menos de lo que son. No estoy segura de haber presenciado a menudo un amor que lo consiga, así que tal vez se trate de un ideal condenado a ser un fantasma. ¿Qué clase de preguntas me plantea ese fantasma? Desde luego me plantea cuestiones políticas, pero no es un político.

Cuando estaba viajando por Brasil vi una oruga de brillante colorido, gruesa como un pulgar. Parecía diseñada por Mondrian, con el cuerpo marcado por cuadros simétricos de color azul, rojo y amarillo. No me lo podía creer. Y lo más peculiar de todo, se diría que tenía dos cabezas rojo chillón, una en cada extremo del cuerpo. La miré una y otra vez para comprobar si algo así podía ser verdad. Quizá el sol me hubiera afectado a la cabeza o estuviera alucinando por el té negro ahumado que bebía a diario mientras contemplaba a los niños jugando al fútbol en la plaza. Podía ser, descubrí después, que la oruga simulara una cabeza falsa para protegerse de los depredadores. En esa época era incapaz de decidir en qué lado de la cama quería dormir. Digamos que la almohada apuntaba al sur; a veces dormía así, y luego cambiaba la almohada al norte y también dormía. Al final terminé poniendo una almohada en cada lado de la cama. Puede que fuera la expresión física de un ser dividido, de no pensar con claridad, de sostener dos opiniones sobre algo.

Cuando el amor empieza a resquebrajarse cae la noche. Se prolonga. Llena de acusaciones y pensamientos furiosos. El tormento de esos monólogos interiores no cesa cuando sale el sol. Es lo que más me molestaba, que me hubiera abducido la mente, tener la cabeza llena de Él. Era prácticamente un trabajo. Mi propia infelicidad empezaba a devenir costumbre, al modo en que Beckett describía que la pena se convertía en «algo que puedes ir acumulando toda la vida... como una colección de huevos o sellos».

Cuando regresé a Londres, mi tendero turco me regaló un llavero con un pompón de pieles. No sabía muy bien qué hacer con él, así que lo colgué del bolso. Los pompones levantan el ánimo. Salí a dar un paseo por Hyde Park con un colega y el pompón rebotaba alegremente mientras nos abríamos paso a puntapiés entre la hojarasca. Era un espíritu libre, locamente gozoso, parte animal, parte otra cosa. Estaba mucho más contento que yo. Mi colega llevaba un diamante minúsculo engarzado en una sortija de filigrana de oro. Dijo: «Mi mujer me eligió esta alianza. Es un anillo victoriano, no es mi estilo, pero me recuerda a ella». Y luego añadió: «Mi mujer ha vuelto a estrellarse con el coche». «Ah —pensé, mientras dejábamos atrás los árboles dorados—, no tiene nombre. Es su mujer.» Me pregunté por qué mi colega solía olvidar los nombres de las mujeres que conocía en reuniones sociales. Siempre se refería a ellas como la mujer o la novia de alguien, como si no necesitara saber nada más.

Si no tenemos nombre, ¿quiénes somos?

Lloré como una mujer cuando supe que mi matrimonio había tocado a su fin. He visto a un hombre llorar como una mujer, pero no estoy segura de haber visto a una mujer llorar como un hombre. El hombre que lloró como una mujer estaba en un funeral y más que llorar aulló, sollozó y gimió; sus lágrimas fueron muy fuertes. Le temblaban los hombros, tenía la cara roja y se sacó unos pañuelos de papel del bolsillo de la americana para apretárselos contra los ojos. Todos los pañuelos se desmenuzaron. Su diafragma emitía voces y ruidos extraños. Fue una pena muy expresiva.

Pensé que en ese momento estaba llorando por todos nosotros. El resto llorábamos de un modo mucho más consciente del contexto social. Cuando después hablé con él durante el velatorio, me dijo que aquella pérdida le había hecho cobrar conciencia de que en su vida «el Amor había firmado en el libro de visitas, pero nunca se había mudado con él».

Se preguntaba qué le había impedido ser más osado. Estábamos tomándonos un whisky irlandés excelente, la marca preferida del hombre excepcional que había fallecido. Le pregunté si habían sido amantes. Dijo que sí, de manera intermitente durante años, pero nunca se habían arriesgado a hacerse vulnerables el uno al otro. Nunca habían asumido la responsabilidad de su amor. Cuando me preguntó por qué había naufragado mi matrimonio, su sinceridad me permitió hablar con mayor franqueza. Cuando ya llevaba un rato explicándome, me dijo: «Me parece que te iría mejor si buscaras otra forma de vivir».

Imaginé que un día localizaban la conversación que nunca había mantenido con el padre de mis hijas en la caja negra que se había hundido hasta el fondo del océano al naufragar el barco. Un martes lluvioso de un futuro lejano, la encontrarían unas formas de vida artificial que se reunirían alrededor para escuchar las voces tristes y potentes de unos seres humanos dolientes.

Lo mejor que he hecho jamás ha sido no nadar de vuelta al barco. Pero ¿adónde iba a ir?

3

REDES

Vendimos la casa familiar. Esta acción de desmantelar y embalar una larga vida en común pareció alterar el tiempo de un modo extraño; hacia atrás, hacia el momento en que dejé Sudáfrica, mi país de origen, cuando tenía nueve años, y hacia delante, hacia una vida ignota todavía por vivir a los cincuenta años. Estaba deshaciendo el hogar en cuya creación había invertido gran parte de la energía de mi vida.

Arrancar el papel pintado del cuento de hadas del Hogar Familiar donde la prioridad ha sido la comodidad y felicidad de hombres y niños significa descubrir detrás a una mujer exhausta, desatendida, falta de cariño y de reconocimiento. Crear un hogar que todos disfruten y funcione bien exige habilidad, tiempo, dedicación y empatía. Por encima de todo, ser el arquitecto del bienestar de todos los demás es un acto de inmensa generosidad. Esta tarea sigue percibiéndose como eminentemente femenina. En consecuencia, existen todo tipo de palabras para empequeñecer ese esfuerzo inmenso. Si la esposa y madre ha sido impregnada por la sociedad, está interpretando a la esposa y madre de todos. Ha construido la historia que el viejo patriarcado ha designado para la familia heterosexual nuclear y, por supuesto, le ha añadido algunas florituras contemporáneas de su cuenta. Que no se sienta en casa en su hogar familiar es el comienzo de la historia más general de la sociedad y sus descontentos femeninos. Si la historia social que ha representado con esperanza, orgullo, felicidad, ambivalencia y rabia no la ha derrotado del todo, la mujer cambiará la historia.

Deshacer un hogar es como romper un reloj. Ha pasado mucho tiempo por todas las dimensiones del hogar. Por lo visto, un zorro oye el tictac de un reloj a cuarenta metros de distancia. En la pared de la cocina de nuestra casa familiar había un reloj, a menos de cuarenta metros del jardín. Los zorros debieron de oír su tictac durante más de una década. Ahora estaba empaquetado, boca abajo en una caja.

Mi amable vecina me vio de pie en el jardín mientras cerraban las puertas de la furgoneta de mudanzas y el conductor ponía en marcha el motor. Me preguntó si necesitaba descansar. Si me apetecía echarme una horita en su sofá. Cuando me disponía a marcharme, preguntó: «¿Qué es eso?». Señalaba las redes de pesca de mis hijas cuando eran pequeñas, que no había embalado con todo lo demás. Una era amarilla, la otra azul, todavía seguían cubiertas de granos de arena. Habían utilizado las redes para pescar peces pequeños durante las vacaciones en la costa, metidas en el mar hasta las rodillas, esperando a que se les acercara algo increíble. Las redes, de metro y medio de largo, descansaban ahora como en un sueño contra la ventana victoriana de mi vecina.

Su padre y yo acordamos que viviríamos separados pero conviviríamos para siempre en la vida de nuestras hijas. Solo hay hogares con amor y hogares sin amor. Lo que se ha roto es la historia patriarcal. De todos modos, la mayoría de los niños que crecen en esa historia lucharán, junto con el resto, por componer una historia nueva.

4

VIVIR EN AMARILLO

Noche tras noche vagaba reconocién-
dome en una idea sugerente de deses-
tructuración generalizada y, al mismo
tiempo, de nueva composición.

ELENA FERRANTE,
La niña perdida (2015)*

Aquel noviembre me mudé con mis hijas a un piso
de la sexta planta de un bloque destartalado en lo alto de
una colina del norte de Londres. Parece ser que había
previsto un «programa de restauración» del edificio, pero
no empezaba nunca. Los suelos de los pasillos comu-

---

* Traducción de Celia Filipetto para Lumen, Barcelona, 2015,
p. 57. *(N. de la T.)*

nes estuvieron cubiertos por un plástico industrial gris durante tres años desde que nos instalamos. La imposibilidad de reparar y rehabilitar un edificio viejo y enorme se antojaba tristemente coherente con aquel momento de desintegración y ruptura. El proceso de restauración, de recuperar y reparar algo que había existido previamente, en este caso un edificio art déco que estaba desmoronándose, era la metáfora equivocada para ese momento de mi vida.

No deseaba restaurar el pasado. Lo que necesitaba era una composición totalmente nueva.

Fue un invierno duro. El sistema de calefacción central se había estropeado. La calefacción no iba, no había agua caliente y, a veces, tampoco agua fría. Tenía tres estufas halógenas en marcha y doce garrafas de agua mineral almacenadas bajo el fregadero. Cuando cortaban el agua, no funcionaba la cisterna del váter. Alguien había escrito una nota anónima y la había colgado en la puerta del ascensor. «SOCORRO. Ayuda, por favor. Hace un frío insoportable, ¿alguien podría hacer ALGO?» Mi hija mayor, que había empezado la universidad ese año, bromeaba con que en comparación la vida estudiantil era un lujo. Las primeras semanas después de que se marchara a estudiar me levantaba de madrugada con la inquietante sensación de que algo iba mal. ¿Dónde estaba mi hija mayor? Y entonces me acordaba, y sabía que todos nosotros avanzábamos hacia otro tipo de vida.

Era inútil tratar de encajar una vida vieja en una vida nueva. La nevera vieja era demasiado grande para la cocina nueva, el sofá demasiado voluminoso para el salón, las camas no cabían en los dormitorios. La mayoría de mis libros estaban en cajas en el garaje con el resto de la casa familiar. Y lo más apremiante, no tenía despacho en el momento más ajetreado profesionalmente de mi vida. Escribía donde podía y me concentraba en crear un hogar para mis hijas. Podría decir que esos años, no los de unidad familiar nuclear, fueron los más sacrificados. Sin embargo, construir ese tipo de hogar, un espacio para una madre y sus hijas, fue tan arduo y humillante, tan profundo e interesante, que descubrí con sorpresa que podía trabajar muy bien en el caos de esa época.

Pensaba con claridad, con lucidez; la mudanza a la colina y la nueva situación habían liberado algo que vivía atrapado y rígido. A los cincuenta años me puse en forma, justo cuando se suponía que mis huesos debían perder fuerza. Tenía energía porque no me quedaba más opción que tenerla. Debía escribir para mantener a mis hijas y tenía que ocuparme de cargar con todo. La libertad nunca sale gratis. Cualquiera que haya peleado por ella sabe cuánto cuesta.

Cargué dos grandes maceteros de piedra del jardín de la casa familiar y los saqué al balcón del dormitorio. El balcón tenía las dimensiones de una mesa de cocina larga y estrecha. Había sitio justo para una mesilla redonda de jardín y dos sillas. Las macetas parecían transatlánticos atracados en un estanque minúsculo. Estaban fuera de lugar. No tenían nada que ver con esa nueva vida en las alturas con extensas vistas de Londres. En los años setenta habían pintado de gris moteado las lúgubres paredes de los pasillos comunes, con lo que supongo que hacían juego con el plástico gris que cubría la sarnosa moqueta verde. Esos pasillos permanecían iluminados noche y día, en un crepúsculo inalterable, siniestro. Otras veces parecían lisérgicos y amnióticos, como si flotáramos en una membrana gris. A mis amigos les parecían salidos de *El resplandor*.

Empecé a llamarlos «Los Corredores del Amor».

Cuando alguien traía un paquete por primera vez (en el bloque había más de cien pisos), al abrirle la puerta me lo encontraba con aire desorientado y algo asustado. Si entornabas los ojos podías fingir que aquellos pasillos eran una versión de la residencia en Manhattan de Don Draper en *Mad Men*... tras una catástrofe menor. Tal vez no un terremoto, pero sí un temblor de tierra en el que los nuevos inquilinos pudieran entrever cómo había sido el edificio en los viejos tiempos. Sin embargo, una vez dentro del piso en sí, la vivienda era luminosa y aireada en comparación con la oscura casa victoriana de la familia. Vivíamos con el cielo desde el alba hasta el anochecer, sus nieblas plateadas, nubes errantes y lunas cambiantes.

A veces por la noche las estrellas lejanas parecían muy cercanas mientras escribía en el minúsculo balcón envuelta en un abrigo. Había cambiado el estudio forrado de libros de mi vida anterior por el cielo de una noche estrellada de invierno. Fue la primera vez que disfruté del invierno británico.

Me habían regalado dos pequeñas matas de fresas en flor y les gustaba vivir en el balcón. ¿Cómo conseguían esas plantas perennes dar frutos escarlatas en noviembre? Por lo visto se trataba de una planta que había evolucionado antes de la última glaciación, así que tal vez le gustara el frío. Algunas noches escribía en el dormitorio como una estudiante, pero sin la cerveza, los porros y las patatas fritas. En mi antigua vida solía escribir temprano por la mañana, pero ahora me había convertido en una persona de mañanas y de noches. No estoy segura de qué pasó con las horas de sueño en esa fase. Después de tanto cargar pesos, me sorprendía intentar encontrar la cadencia de una única frase. A los tres días de la mudanza, en las horas previas al amanecer, una enorme abeja adormilada se posó en la pantalla de mi ordenador. Al mismo tiempo, algo zumbaba alrededor de la bombilla de la lámpara. Cuando levanté la vista conté cinco abejas en el cuarto, más enérgicas que la rechoncha zarina que dormitaba en la pantalla. Había tenido varios encontronazos con abejas en mi vida y a menudo me preguntaba por qué a los protagonistas de los cuentos de hadas que transcurren en bosques y selvas rara vez les muerden ni les pican los insectos. Cuando Caperucita Roja cruzaba el bosque entre píceas y hayas para llevarle el pan a su abuela, los mosquitos deberían haberle devorado las espinillas mucho antes de que el lobo amenazara con zampársela. ¿Y qué pasaba con las hormigas, arañas, garrapatas y tábanos con los que ella y los demás compartimos la existencia? ¿De dónde habían salido esas abejas invernales londinenses? Quizá hubieran entrado tras hacer una visita a las fresas. Me pareció un buen presagio que las abejas estuvieran dispuestas a vivir conmigo en mi felicidad y en mi adversidad. ¿Cómo iba yo a vivir con ellas? Apagué la lámpara, luego el portátil, y salí del dormitorio. Mientras me tumbaba en el sofá del salón, con una docena de cajas por abrir apiladas contra las paredes, me vino a la cabeza un poema de Emily Dickinson. Podría decir que apareció volando de ningún sitio, pero no existe nada parecido a ningún sitio. Todos mis libros de Emily Dickinson estaban cogiendo humedad en las cajas de libros que se estaban enmoheciendo en el garaje. Los tenía presentes.

> *La fama es una abeja.*
> *Tiene canción...*
> *Tiene aguijón...*
> *Ah, también tiene alas.*

Deseé que la fama le hubiera dado alas en vida a Emily Dickinson. Yo conocía la sensación de indecisión y sabía, como nos dijo Dickinson, que la esperanza es la cosa con plumas que nunca deja de cantar, a pesar del desánimo y la desatención. Emily Dickinson se había convertido en una reclusa. ¿Quizá estuviera castigándose por haber apostado por la libertad, por haber apostado por no dejarse dominar? Otro de sus poemas llegó de la nada, que siempre es algún sitio, y contenía la palabra «esposa». Solo recordaba el primer verso:

Soy «esposa» —terminé—

Me preguntaba con qué habría terminado y luego me dormí con los tejanos y las botas puestos, como una vaquera, salvo que mi pradera era el cielo.

Aquel invierno, mi hija y yo nos aficionamos a desayunar naranjas. Pelábamos y cortábamos la fruta la noche antes, preparábamos un jarabe de agua y miel y lo metíamos todo a enfriar en la nevera. Fuimos volviéndonos más experimentales, fuimos añadiendo semillas de cardamomo y agua de rosas, pero decidimos que era como comer flores demasiado temprano. A las abejas les habría gustado, pero no quería que me invadieran la casa. Me había comprado uno de esos relojes que emiten un trino distinto cada hora. Por la mañana a las siete el chochín llamaba a los pájaros de verdad que cantaban en los negros árboles invernales. A las cuatro de la tarde había vuelto a oscurecer cuando el pico picapinos empezaba a taladrar y tamborilear. De regreso a casa por la noche a veces oía al ruiseñor mientras recorría los grises Corredores del Amor.

Mientras mi hija mayor estudiaba en la universidad, habíamos pasado de familia de cuatro a familia de dos. Fue difícil acostumbrarse a la mesa vacía y la ausencia de gritos. De modo que tomé prestada otra familia que conocía en la misma calle y los invitaba a almorzar casi todos los domingos. Así éramos seis, y nuestra exigua familia se convertía en un asunto más grande y ruidoso. Eran gente lista, aquella familia de la misma calle. Sabían que quería aumentar mi familia, pero nunca me lo dijeron en un susurro de conspiración. Llegaban de buen humor o de mal humor, según quién hubiera perdido las deportivas o la llave de la puerta o el teléfono. Nos sentábamos a comer, bebíamos un montón de vino y se reían de mi reloj de pájaros. Como solían presentarse a la una, les cantaba el pinzón común. Para cuando se marchaban, había empezado a cantar la lechuza.

Cuando no estaba escribiendo o dando clase o desempaquetando cajas, me dedicaba a reparar las tuberías atascadas de debajo del lavamanos del cuarto de baño. Lo cual suponía desatornillar todas las piezas, colocar un cubo debajo de las tuberías y no saber por dónde seguir. Había pedido prestada una máquina misteriosa al cardiólogo que vivía en el piso de abajo. Recordaba a un aspirador pero con unos cables que debían insertarse en el tubo. Era primera hora de la mañana y llevaba eso que a veces llaman una chaqueta de cartero francés por encima del camisón. No me había puesto una chaquetilla azul de trabajo a propósito para ejercer de fontanera, de ninguna manera, simplemente la chaqueta estaba colgada del gancho del baño y abrigaba. El contraste entre el grueso algodón de la chaqueta y el fino camisón parecía resumirlo todo, aunque no estaba segura de cuál era el resultado. Ahora que ya no estaba casada para la sociedad, me encontraba en transición hacia algo o alguien distinto. ¿Qué y quién sería? ¿Cómo describir esa extraña sensación de desintegración y recomposición? Las palabras deben abrir la mente. Cuando las palabras cierran la mente, podemos estar seguros de que alguien ha sido reducido a la nada.

Para divertirme (no había nadie más allí) empecé a pensar en el género del camisón femenino en relación con la fontanería. El que vestía era de seda negra y supongo que bastante sensual en un sentido general. Podía pasearme con él o disfrazarme, dado que de todos modos la feminidad era una farsa. Entendía que la seda negra era un clásico de la ropa de noche femenina. Por si fuera poco, también llevaba lo que mis hijas llamaban mis «zapatillas de chamán». Eran unos botines de ante negro de andar por casa decorados con abundantes pieles falsas de un desagradable realismo, una de las cuales colgaba como una cola pequeña y me azotaba los tobillos mientras buscaba por el piso un trasto llamado Master Plunger, un desatascador. Las zapatillas eran un regalo de mi mejor amigo, que opinaba que necesitaba, como expresó él, un poco de «aislamiento», lo cual podría corresponder a un término de fontanería para cubrir algo que queda desnudo y expuesto a la vista. Agradecí los botines de pieles por el reconfortante calor y sus propiedades mágicas (supongo que fantaseaba con que había despellejado a los animales con mis propias manos) y la chaqueta de cartero se me antojaba un contrapunto al camisón de seda negra.

Yo era el hombre. Yo era la mujer.

¿Tal vez fuera el chamán?

Se trataba de una dimensión que deseaba explorar más a fondo. El chamán masculino a menudo vestía ropas de mujer. Ostentaba el cargo más alto del templo. Me habían contado que en Corea una chamana podía vestirse de hombre para recibir en su cuerpo a una presencia masculina. ¿El equivalente de mi chaqueta azul de cartero? El chamán tiene que viajar a otros mundos, igual que yo tenía que viajar al interior del sistema de debajo del lavamanos para ver cómo estaba conectado con las tuberías atascadas de al lado de la bañera. Empecé a notar un hormigueo en las manos, quizá para darme fuerzas para futuras batallas del hazlo tú misma. Lo que salió de las tuberías tras mucho excavar con la ayuda de la máquina misteriosa y el desatascador Master Plunger fue un nudo grueso y viscoso de pelo humano. La fontanería era como la arqueología. El pelo era un artefacto humano, dragado de las profundidades. El Master Plunger era un objeto hermoso y funcional. Cuando el agua volvió a correr libremente por el desagüe, retorcí el mechón de pelo en señal de solitaria victoria. Empecé a pensar que no solo podría excavar la Roma antigua, sino también explorar su fontanería. Sabía que tendría que conseguir mi propia máquina misteriosa. El cardiólogo me había invitado a una copa de vino después de devolverle las herramientas. Quizá algún día volviera a arriesgarme a enamorarme, pero no pensaba entregarle mi corazón al cardiólogo.

El mismo día preparé un jardín en el cuarto de baño. Planté un cactus alto y otras suculentas y las coloqué en la balda junto a la bañera. Tenían pinchos, algunas estaban cubiertas de afiladas espinas blancas. El chorro de agua caliente pareció despertarles un frenesí erótico porque las suculentas comenzaron a crecer a un ritmo acelerado.

Mientras en la casa nueva todo iba haciéndose literalmente más pequeño (excepto las suculentas), mi vida se hacía más grande. En esos momentos difíciles, aceptaba todos los trabajos que me ofrecían y me estremecía cuando las facturas entraban por el buzón. Empecé a darme cuenta de que lo que necesitaba era una cantidad suficiente de las cosas correctas. La luz y el cielo y el balcón eran las cosas correctas. Mis hijas abriéndose paso por la nueva historia, comenzando a moldearla y apropiársela y manteniendo el contacto con su padre, todo ello eran cosas correctas. Un piso lleno de adolescentes cantando cuando mi hija pequeña invitaba a sus amigas después de clase era una cosa correcta. No tener un rincón tranquilo donde escribir era incorrecto. No vivir con animales era incorrecto. Pero ¿cómo iba a vivir con un animal en un piso de una sexta planta? Consideramos la posibilidad de un pez pero decidimos que estaría mejor en un estanque. Mi hija dijo que compraría un ratón, pero no lo hizo. Hablamos de tener un loro, pero tampoco pasó. En un momento dado propuso cazar una ardilla del parque y traerla a casa.

¿Pasó? ¿Le acicaló la cola cada mañana antes de salir hacia la escuela? Era lo que mi hija quería, pero no pasó. En su defecto se tiraba en la cama y leía *El gran Gatsby*, luego me contó que F. Scott Fitzgerald no era muy buen escritor. A veces un animal consuela más que un libro.

Mi amiga Gemma me dijo: «Tienes que adaptarte el dormitorio. Instala un escritorio. Monta estanterías. Sube las cajas del garaje y desempaqueta los libros. Intenta vivir con algo de color». Con lo cual se refería a que pintara las paredes de un color que no fuera blanco. «El amarillo te sentaría bien —insistió—. Aclara las emociones y refuerza las sensaciones.» Cuando me lo dijo me acordé de haber pintado el techo de la casa familiar de un color llamado Tragaluz Inglés. El techo parecía un apagado cielo plúmbeo. Incluso cuando fuera lucía el sol, dentro llovía. Cada día y cada noche.

En mi nueva vida me comprometería a vivir con color.

Pinté las paredes de mi dormitorio de amarillo. Compré unas suntuosas cortinas de seda naranja en una tienda de beneficencia. Colgué un escudo africano confeccionado con plumas de gallina teñidas de rosa. Medía medio metro de ancho y parecía una flor gigante en todo su esplendor. El escudo estaba cosido de manera que pudiera abrirse y cerrarse. Aunque, clavado a la pared, permanecía siempre abierto en una época en que yo me cerraba emocionalmente. Necesitaba un escudo para defenderme de la rabia de mi antigua vida. Supongo que podría decir que me escudaba en una flor.

Una de mis heroínas era la artista sudafricana de ochenta y un años Esther Mahlangu, una autodidacta que a los diez años había aprendido a ser artista observando cómo su madre y su abuela pintaban con plumas de gallina. Ella misma era una obra de arte: las cuentas de su ropa, las pulseras de sus muñecas, cuello y tobillos. Quería hablar con ella, pero no sabía lo que quería decirle.

«Esther, no sé cómo vivir en amarillo. No sé cómo vivir en mi vida.»

Las paredes amarillas estaban volviéndome loca. Las cortinas de seda naranja eran como despertarse con un sarpullido.

Descolgué el escudo y volví a pintar de blanco todas las paredes menos una. Sustituí el escudo por una serigrafía enmarcada de Oscar Wilde. Luego me dispuse a enfrentarme a las polillas de la cocina. Parecían salidas de una novela de García Márquez, revoloteaban como minúsculos demonios ciegos, saciadas de la avena y la harina con levadura que las atraía hacia los armarios.

A las polillas parecía gustarles posarse en las dos fotografías que había colgado con imanes en la puerta de la nevera. Una era de la escultora británica Barbara Hepworth, de sesenta años, cincel en mano, inclinada sobre la esfera gigante de madera que estaba tallando. Había horadado una forma sólida para crear una perforada, un agujero, tras el nacimiento de su primer hijo en 1931. Hepworth describía la escultura como «la concreción tridimensional de una idea».

La otra fotografía era de la escultora Louise Bourgeois, de noventa años, cincel para hierro en mano, inclinada sobre una escultural esfera blanca que le llegaba a la cintura. En la fotografía viste una blusa de raso por debajo de una túnica negra, lleva el pelo plateado recogido en un moño y varios aritos de oro en las orejas. Bourgeois había declarado, de forma algo anticuada, que creaba arte porque sus emociones la superaban.

Sí, a veces sentir es una agonía. Me había pasado los últimos meses intentando no sentir nada. Bourgeois había aprendido a coser de niña en el taller de tapicería de sus padres. Consideraba la aguja un objeto de reparación psicológica, y lo que quería reparar, afirmaba, era el pasado.

O morimos del pasado o nos hacemos artistas.

Proust había perseguido esa misma idea y se le había ocurrido algo que casaba mejor con esa fase de mi vida:

Las ideas son sucedáneos de los dolores; desde el momento en que estos se transforman en ideas pierden una parte de su acción nociva sobre nuestro corazón.

Mientras batallaba con las polillas, varios dolores y el pasado, todos los cuales regresaban a diario para atormentarme, eché otro vistazo a las dos artistas colgadas torcidas en la puerta de la nevera. A mis ojos, la particular cualidad de su atención mientras moldeaban tranquilamente las formas que estaban inventando les otorgaba una belleza sin medida. Esa clase de belleza era la única que me importaba. En esa época incierta, escribir era una de las escasas actividades en las que conseguía manejar la ansiedad de la incertidumbre, de no saber qué iba a pasar a continuación. Se me aparecía una idea, se me cruzaba en el camino, tal vez salida de un dolor, pero no sabía si sobreviviría a mi atención dispersa, no digamos ya a mi atención más concentrada. Desplegar cierto número de ideas por todas las dimensiones del tiempo constituye la gran aventura de la vida del escritor. Pero yo no tenía dónde escribir.

5

GRAVEDAD

Celia acudió al rescate. Era una actriz y librera de ochenta y pocos años. Una noche en su cocina a finales de enero, se puso a cantarme algo en galés. Le dije que no entendía galés.

—Bueno, yo nací en Gales y tú no, pero mientras cantaba estaba pensando que necesitas un lugar donde escribir.

Señaló al cobertizo del fondo del jardín. Era donde su marido, el difunto gran poeta Adrian Mitchell, escribía a veces en primavera y verano. Estaba construido debajo de un manzano. En menos de tres segundos acordamos que se lo alquilaría. Celia sabía que yo mantenía financieramente «a una muchedumbre», como decía ella, de modo que cerramos un trato asequible con un vaso del ron Havana que tanto le gustaba y que prefería combinado con Coca-Cola. Cada vez que bebía ron Havana, alzaba la copa para brindar por el milagro de los altos niveles de alfabetización en Cuba.

—A propósito, la próxima vez que se estropee la caldera central de tu casa, veníos aquí a daros un baño caliente.

Todos merecemos un ángel de la guarda como Celia.

No era un cobertizo pijo. El cortacésped se habría sentido en su casa en aquel cobertizo, pero tenía cuatro ventanas que daban al jardín, un escritorio que había pertenecido a Adrian con un vade de cuero verde y unas cuantas estanterías de formica en la pared de detrás. Además, conviviría con las cenizas del labrador rubio que muchos lectores de Adrian conocían con el nombre de Daisy la Perra de la Paz.

Celia dijo: «En esas estanterías te cabrán un montón de libros, pero no pienso mover a Daisy». De hecho, había adoptado en un refugio a una perra nueva, tuerta. La pequeña sabuesa ladraba como una fiera cada vez que yo entraba en casa. Celia, que había sido pacifista toda la vida, se preguntaba si no debería armarme con una pistola de agua para enseñarle a su perra a dejarme en paz. Ella misma compró un juego de tres pistolas de agua en una tienda de todo a cien, pero al final me acostumbré a entrar por la puerta lateral del jardín para ir al cobertizo. Celia entendió que escribiría a todas horas y me presentó a sus amistades como La que Ronda por el Jardín. Nadie tenía permiso para interrumpirme cuando Celia estaba de guardia; llamar a la puerta y dar conversación (el tiempo, las noticias, la llegada de un pastel), ni siquiera transmitir un mensaje urgente de la Señora de la Casa. Sentirse así de valorada y respetada, como si fuera lo más normal del mundo, fue una experiencia nueva. Por entonces no lo sabía, pero acabaría escribiendo tres libros en aquel cobertizo, incluido el que estás leyendo. Allí fue donde comencé a escribir en primera persona, a emplear un «yo» próximo a mí y que sin embargo no soy yo.

Mi ángel de la guarda, fiera y aficionada a gritarle a cualquiera —cuando no estaba gritando en una manifestación para salvar la sanidad pública—, insistía en guardar su congelador «extra» en el cobertizo. Había veces que lo único que contenía el congelador, que me llegaba hasta la cintura, eran una veintena de tubos de plástico con manzanas cortadas a cuartos y recolectadas del árbol en otoño. A Celia le gustaba preparar tarta de manzana todo el año, mientras Myvy la Perra Tuerta de la Guerra se le recostaba contra los tobillos con absoluta devoción. No me habría sorprendido lo más mínimo que aquel chucho despeluchado se arrancara a cantar en galés.

Le conté a Celia que a Freud le intrigaba que, en sueños, los pacientes más preocupados por parecer racionales eran los más felices cuando un perro citaba un verso de un poema. Me respondió que si Myvy alguna vez recitaba poesía sería la escrita por Adrian. Por lo visto el nombre completo de Myvy en galés era Myfanwy, que significaba Mi Queridísima, aunque también podía significar Mi Muy Especial, Mi Mujer o Mi Amada. Me pareció mejor no seguir mencionándole a Freud mientras tuviera un cuchillo en la mano.

Los perros quieren a sus amigos y muerden a sus enemigos, a diferencia de las personas, que son incapaces de un amor puro y siempre tienen que mezclar el amor y el odio en sus relaciones de objeto.

Más adelante, cuando viví la experiencia de mi primer otoño en el cobertizo, las manzanas caían del árbol al tejado. Con un sonido contundente. Empecé a entender por qué Newton había elaborado su teoría de la gravedad observando la manera tan irrevocable en que cae una manzana. No existe manzana que caiga despacio.

El día que me instalé en el cobertizo nevaba. Los fríos vapores del congelador zumbaban. Había telarañas en el techo, polvo por todas partes, hojas y barro en el suelo. ¿Cómo iba a hacer viable un lugar para escribir en invierno? Escribir una novela exige muchas horas de estar sentada quieta, como en un vuelo de larga distancia, con destino desconocido, pero una ruta más o menos trazada. Envolví la silla en dos mantas de borreguito. Parecía de la Edad de Piedra. Monté el ordenador de sobremesa, localicé los enchufes disponibles en las paredes y luego compré los alargadores. Mientras nevaba sobre el manzano, me senté en el suelo a desenredar cables y revisar las cajas que contenían mis libros y diarios. No sabía qué hacer con todo el papel que acompaña a un escritor de mi generación. Había guiones para cine y teatro, poemas, cuentos, libretos de ópera, borradores de novelas que había escrito con diversas tecnologías: máquina de escribir manual, máquina de escribir eléctrica, ordenadores primitivos. Algunos diarios se remontaban a 1985. Uno estaba garabateado como una larga retahíla, escrita cuando tenía veintiséis años, y empezaba con un sujeto impersonal.

Comienza con saber y no saber, un vaso de leche, lluvia, un reproche, una puerta cerrada de golpe, la lengua afilada de una madre, un caracol, un deseo, uñas mordidas, una ventana abierta. A veces es fácil y a veces es insoportable.

¿El qué? No lo sé. Pero el vaso de leche es una pista. Podría tratarse del principio de una novela que escribiría después en el cobertizo y que titularía *Leche caliente*. Había dos diarios que documentaban el encuentro con el hombre con el que me casaría y la certeza de que estábamos hechos el uno para el otro. En aquel entonces no le veía sentido a la vida sin él. Al leer los diarios me di cuenta de que apenas habíamos convivido antes de tener a las niñas. Al año de salir vivíamos juntos y estaba embarazada. Un feliz descubrimiento. Plantamos semillas de césped en el pequeño jardín de la casa que habíamos alquilado para que creciera a tiempo para la llegada de nuestra primera hija.

Entretanto, tenía que recurrir a todo mi ingenio para caldear el piso de la colina cuando la caldera central de los años treinta se negaba a cooperar con el siglo XXI, y tenía que calentar el cobertizo. Por supuesto, quería instalar una estufa de leña en el cobertizo (¿qué iba a hacer con el congelador?) y llevar una vida romántica de escritor, preferiblemente una vida a lo Lord Byron, escribir poesía en batín, esperar que me cautivara la inspiración mientras la madera aromática crepitaba y estallaba, etcétera. Lamentablemente, en esa época de austeridad financiera no era posible, pero, tal como apuntó Celia: «De todos modos, contemplar las llamas no suma palabras». Lo entendí. La vida del escritor gira básicamente en torno a la resistencia. Llegar a la frase final exige que la escritura resulte más interesante que la vida cotidiana y una hoguera, como la vida cotidiana, nunca aburre.

Tuve la inmensa suerte de que Celia estuviera alarmada por el clima ártico y se comprara un calefactor de gas portátil al estilo de una estufa de leña provenzal. Estaba fabricado con grueso hierro colado y pesaba una barbaridad y disimulaba la bombona discretamente dentro del cuerpo de hierro. Creo que pretendía recordar a una estufa antigua de una majestuosa granja francesa decimonónica. Celia lo tenía a pleno rendimiento en la cocina, además de la calefacción central. Cuando empezó a bajar a almorzar en pantalón corto y camiseta y a notarse demasiado torpe y mareada para gritar a nadie, supo que tenía que trasladarlo al cobertizo. Era un calefactor poco práctico y probablemente peligroso para un cobertizo pequeño, con el congelador zumbando. Al principio pensé en transportar colina arriba hasta mi piso al falso provenzal, pero la calefacción central parecía arreglada.

El ambiente del cobertizo comenzó a recordar a un bochornoso centro vacacional de la costa tropical. Me llevaba té en un termo y me lo iba bebiendo a lo largo del día mientras las llamas azules danzaban y la nieve caía sobre el manzano. El atractivo de escribir, tal como yo lo veía, residía en la invitación a trepar entre la aparente realidad de las cosas, en ver no solo el árbol sino también los insectos que viven en su infraestructura, en descubrir que en la ecología del lenguaje y la vida todo está conectado. «Ecología», del griego para significar casa o relaciones vitales. Bastan tres meses de vida para descubrir que todos estamos conectados a la crueldad y la amabilidad ajenas.

El estiloso calefactor me recordaba a los feos calentadores de gas con los que caldeábamos las frías salas de ensayo en mis tiempos de dramaturga. Ensayábamos durante horas, fumábamos sin parar, bebíamos café instantáneo y luego volvíamos tambaleándonos a casa, tarde por la noche, con un dolor de cabeza cegador. Cuando ensayamos una obra que había escrito yo, titulada *Falsas memorias de Macbeth*, teníamos puesto un calefactor de gas mastodóntico. El director había mandado al actor protagonista repetir un monólogo concreto al menos doce veces. Interpretaba a un emprendedor italiano, Lavelli, que era un avatar de muchos de los temas que pensaba incorporar en mi ficción. Lavelli se dedicaba a detectar tarjetas de crédito y billetes falsos. Posteriormente lo mataba su colega, un hombre deprimido y capado emocionalmente llamado Bennet.

LAVELLI: Señor Bennet, muéstreme una tarjeta de crédito y en unos segundos le diré si es una falsificación. El artista puede corregir el lienzo cincuenta veces, pero el falsificador, si es bueno, solo corrige dos veces su imitación. Tiene que pintar *a la manera del original.* Y yo lo respeto. Los que no sabemos imitar carecemos de imaginación. No sabemos ver más allá de nuestra manera de hacer… somos pequeños nacionalistas repulsivos. El extranjero, el desconocido, también tiene que crear una falsificación de sí mismo. Debe imitar la cultura anfitriona. Se supone que apreciamos la originalidad, pero la verdad es que queremos ser como los demás. Queremos que hasta nuestras diferencias sean las mismas. ¿Me sigue, Bennet?
BENNET: Hum, sí.

Para cuando Bennet dijo «Hum, sí», en la sala de ensayos estábamos todos más o menos asfixiados por los vapores del gas. Había aprendido que un actor es capaz de transmitir mucho con solo un par de palabras. Lavelli era un embaucador listo y reflexivo, un hombre con facilidad de palabra. Estaba atormentando a Bennet, que, como el público sabía, se veía superado.

En mi cobertizo reinaban la calma, el silencio y la oscuridad. Me había despedido de la vida que había planeado y probablemente cada día me superaba. Cuesta escribir y mantener una actitud abierta y dejar entrar las cosas cuando la vida es dura, pero cerrar la puerta a todo significa no tener con qué trabajar. Había decidido llevarme diez libros clave al cobertizo, entre ellos la poesía de Apollinaire, Éluard, Plath y Emily Dickinson (cuyo espíritu voló hasta mí aquella noche a través de las abejas), un libro de anatomía humana y otro de Robert Graves sobre mitología. Lo cual implicaba que la mayoría de los estantes quedaran vacíos, pero no quería recrear una versión de mi viejo estudio ordenado en aquel cobertizo polvoriento.

¿Era un cobertizo o una cabaña? El filósofo Martin Heidegger había llamado a su cobertizo *die Hütte*. Busqué en Google y eché un vistazo a una fotografía de Heidegger sentado pensativamente en un banco de su cabaña de tres habitaciones. La cabaña estaba en las montañas de la Selva Negra, en el sur de Alemania. Su mujer, Elfride Heidegger, antigua estudiante de económicas, se inclinaba sobre dos cazuelas puestas al fuego. Los dos parecían tristes, grises y sombríos. Por lo visto, muchas de las grandes obras filosóficas de Heidegger se habían escrito en la cabaña, incluso *Ser y tiempo*, publicada en 1927. Era uno de los libros que me había llevado conmigo al cobertizo. Había enmarcado entre corchetes de rotulador rojo la siguiente frase: «Todo el mundo es el otro y nadie es uno mismo». Hum. Sí. En cierto sentido era lo que Lavelli intentaba explicarle a Bennet en mi guion. Cada vez que leía a Heidegger en el cobertizo, comprendía que yo era Bennet.

Al terminar el día iniciaba el largo ascenso a una de las colinas más altas de Londres para prepararle la cena a mi hija. En ocasiones me paraba a recuperar el resuello junto a las verjas del cementerio local. Era una caminata larga y a oscuras. La noche olía a musgo y al mármol húmedo de las lápidas. No me sentía a salvo ni en peligro, sino algo intermedio, liminal, en transición de una vida a otra.

6

EL CUERPO ELÉCTRICO

Compré una bicicleta eléctrica para ayudarme a remontar la colina. Era pesada, un tanque de bici, pero
con el viento de cola habría adelantado a una moto-
cicleta. Mi bici eléctrica era lo mejor que me había
pasado desde hacía mucho tiempo. Podía ir de aquí
para allá en un pispás. Circulaba deprisa. Maldecía y
gritaba a los conductores cuando me derribaban al
abrir la portezuela delantera. Sufría la rabia del asfalto.
Sí, me había contagiado de la rabia del asfalto monta-
da en una bicicleta eléctrica. Es decir, tenía un montón de rabia acumulada de mi antigua vida y se ex-
teriorizaba en la carretera. Pedaleaba colina arriba
cargada con las pesadas bolsas de la compra y una caja
de fruta en el portabultos trasero. Con la ayuda de mi
bici eléctrica comencé a sentirme como si me hubiera tomado unas minivacaciones de la melancolía de los

últimos meses. Mientras pedaleaba a toda velocidad Holloway Road abajo, por alguna razón aquel trecho de asfalto me recordaba al taciturno y oscuro mar Adriático de Trieste. Quizá fuera la sensación de que por debajo acechaba algo peligroso, pero se me ocurrió que el hundimiento había comenzado antes de que el barco que era mi matrimonio chocara con las rocas y, de todos modos, por qué no parar de pensar en ello y concentrarme en la idea de que Holloway Road, con sus carriles para el autobús y sus atascos de tráfico, también podía ser el mar Adriático.

Normalmente ataba la bicicleta en el aparcamiento trasero de mi ruinoso bloque de pisos. Otros vecinos aparcaban allí las motos. Los días que llevaba montones de bolsas de la compra solía apoyar la bicicleta detrás de un árbol del aparcamiento delantero para descargar. A continuación, arrastraba las bolsas hasta la portería y las dejaba frente al ascensor. Después llevaba la bici al aparcamiento de atrás, le ponía el candado y regresaba al estacionamiento delantero para meter la compra en el ascensor y subirla a la sexta planta. Una vecina de mediana edad del bloque, una mujer llamada Jean, insistía en que no podía dejar la bicicleta en el aparcamiento delantero.

Ni siquiera detrás de un árbol. Ni siquiera durante un par de minutos. Tenía una voz aguda y meliflua.

La de una loba endulzando la dureza montaraz de su voz para convencer a los corderitos de que le abran la puerta y comérselos. ¿Dónde estaba la madre de los corderos? Probablemente en el trabajo ganándose el sustento. Jean había convertido en su misión particular plantarse junto a mi bicicleta con su rebeca colorida precisamente los días que tenía que descargar la compra. Allí estaba ella, apoyada en el manillar, sonriendo mientras decía cosas horribles con su voz acaramelada. Para Jean era importante transmitir que era más con pena que con rabia con lo que me complicaba todavía más la existencia.

En cierta ocasión, cuando yo estaba descargando la compra a toda prisa, apareció de pronto de detrás de un árbol como en una escena de una comedia de Ealing.

—Ah, tú siempre con prisas —dijo—. No paras un momento.

Jean tenía demasiado tiempo libre. Desprendía felicidad histérica, y yo serena amargura. Mientras la vecina miraba cómo levantaba seis bolsas, se me rompió el collar de perlas que llevaba siempre al cuello y las cuentas rebotaron por el suelo hasta los prácticos zapatos de Joan.

—Vaya por Dios. —Separó los labios para enseñar su abundancia de dientes blancos y menudos—. Parece que el martes no es tu día, ¿eh?

Un martes de hacía unos años había ido al cine con el padre de mis hijas a ver la película *Inteligencia artificial*, de Steven Spielberg. Nos sentamos juntos a oscuras, cerca pero separados. La película trataba de un niño robot fabricado en un laboratorio que era especial porque estaba programado para poder amar. Su madre adoptiva cogía miedo al afecto del hijo robot y lo abandonaba en el bosque. Miles de años después, unas criaturas bellas y extrañas que son una forma de vida artificial encuentran al niño robot en el lecho de un río congelado. Las criaturas poseen cuerpos altos y esbeltos, similares a las figuras de las pinturas rupestres, y tratan al niño robot con sumo respeto. Comprenden que supone el último contacto de los suyos con los seres humanos porque lo programó un humano. Fue durante esa proyección cuando supe que nuestro matrimonio estaba acabado. Nosotros también necesitábamos encontrar al niño robot porque estaba programado para amar. Llevaba dentro algo que necesitábamos en nuestro interior.

—Tienes razón —le respondí a Jean—. El martes no es mi día.

Cuando le hablé a Celia de Jean, me dijo: «La próxima vez que te fastidie, dile que estás cada día más vieja». Me sorprendió un poco la propuesta. Esa noche, cuando me fui de su casa tras el vasito del mejor ron cubano de rigor, la oí cuchichearle a una de sus mejores amigas: «De todos modos, no entiendo por qué lleva un collar de perlas para escribir en esa vieja choza destartalada». Mi mejor amigo, que estaba a punto de casarse por tercera vez, no entendía por qué no mandaba a la mierda a Jean. Le pregunté cómo se vestiría para su tercera boda. Por lo visto estaba tentado de ponerse una americana amarillo chillón que había comprado en la tienda de un diseñador de Carnaby Street.

—Ponte lo que quieras —le dije—, pero no vayas de amarillo.

—A lo mejor —replicó— le pido opinión a mi mujer. Por cierto, ¿cómo te va? ¿Ya han arreglado los Corredores del Amor?

—No, los corredores siguen pendientes de restaurarlos. Por lo demás, cada día es un regalo. Mis hijas y sus amigas llenan mis días. Vivo rodeada de gritos y tormentas hormonales y portazos y facturas que llegan con regularidad. Oye, ¿y tu nueva mujer tiene nombre?

—Como ya sabes, se llama Nadia.

Preparó una tortilla para los dos y luego, cual marido en serie, quiso profundizar en mis razones para no regresar a nado al barco de un matrimonio que hacía aguas.

—Bueno, ¿por qué iba a volver a un barco a punto de chocar y naufragar? —pregunté.

—Ofrece una protección simbólica —respondió, mirándose la alianza de oro del dedo por entre los dientes del tenedor.

La siguiente vez que Jean me paró en la bici, la recibí con una gran sonrisa.

—¿Sabes? Cuesta mucho cargar con todo esto desde el aparcamiento de atrás y yo cada día estoy más vieja.

No me podía creer que hubiera pronunciado esas palabras en un tono tan conciliador. Jean parpadeó y mentalmente engulló otros cinco tarros de miel. Luego replicó:

—Bueno, visto que no paras un momento, ¿no se te ha ocurrido pedir que te traigan la compra a casa?

Algo en mí se resistía a solicitar el reparto a domicilio del supermercado. Remontar la colina en bicicleta exigía un gran esfuerzo, pero un esfuerzo que disfrutaba. Quería elegir yo el pescado y las hierbas y las verduras de invierno, y también me enorgullecía mucho de algo que me había enseñado mi padre, a saber, un método para comprobar si ciertas frutas, tales como el melón o la papaya, estaban maduras. Método consistente, según mi padre, en presionar con las yemas de los dedos en ambos extremos de la fruta con mucho tiento para no mazar la pulpa y, si estaba madura, los extremos de la pieza debían tener la textura de un lóbulo de oreja firme. No fallaba nunca. No, no quería que me repartieran la fruta en una furgoneta refrigerada. ¿Acaso podía pedirle al conductor que comparase la fruta que había comprado por internet con una oreja humana?

Las palabras «Cada día estoy más vieja» habían calmado a Jean. Sin embargo, una parte de mí se preguntaba si también la habría calmado explicarle que disfrutaba de una vida profesional plena, una vida maternal igualmente plena y una vida fontanera secundaria. ¿Qué había que calmar en Jean? ¿Por qué tantas sonrisas tensas? Era como si la avergonzara vivir sola y me transmitiera parte de dicha vergüenza. Si se había excluido a regañadientes del relato social que le ofrecía protección simbólica, ¿cómo iba a protegerse? El periódico que leía a diario no la respetaba, de hecho la odiaba, pero era adicta a sentirse odiada.

¿Para qué es una mujer? ¿Qué debería ser una mujer? ¿Qué necesitaba Jean que yo fuera? ¿O no fuera? Era la pregunta que no tenía tiempo de plantearle. Tal como ella misma me había dicho, más por rabia que por pena, yo no paraba un momento, demasiado ocupada ganándome la vida, incluso en los míseros martes.

Me obsesioné con la bicicleta eléctrica. Iba sobre ruedas. Una noche pedaleé por lo menos treinta kilómetros hasta una fiesta. Fui como una bala por la carretera con el vestido ondeando al viento detrás de mí. Me costó no gritar de júbilo. Puede que mis hijas y la bici fueran mis únicas alegrías. Cuando entré en la fiesta, un hombre alto de pelo plateado se puso a hablar conmigo. Me contó que escribía biografías militares, sobre todo de la Primera Guerra Mundial, y me pidió que le pasara un canapé.

Estaba desatándome las deportivas para cambiarlas por otros zapatos más sofisticados y obvié la petición, aunque levantar un canapé de la bandeja de plata habría sido fácil después de tanto cargar bolsas pesadas.

El hombre era alto y delgado, de unos sesenta y largos, y parecía desear mi compañía. Habló un rato de sus libros y de que su mujer (anónima) estaba en casa indispuesta. No me preguntó nada, ni siquiera cómo me llamaba. Se diría que lo que necesitaba era una mujer encantadora y devota a su lado que le fuera procurando canapés y que comprendiera que él era el único tema de conversación. Por culpa del pelo plateado y las cejas plateadas empecé a identificarlo con el Gran Plata. Si se saliese del personaje y me hiciera algunas preguntas, ¿qué le respondería al Gran Plata? Si me planteara el obligatorio «Bueno, ¿y a qué te dedicas?», supongo que podría ahuyentarlo respondiéndole la verdad.

«Ya que preguntas, paso los días atrapada en las dificultades que plantea escribir en el presente inmediato. Cuesta mantener el interés por la subjetividad de una persona. Hay trucos para insertar otras subjetividades en este tiempo verbal, pero no es una tarea fácil.»

No, jamás entablaría este tipo de conversación con el Gran Plata. Estaba releyendo las primeras novelas y diversos ensayos y entrevistas de James Baldwin, y su título *Nadie sabe mi nombre* me había ayudado a comprender por qué me molestaba que mi compañero de paseos nunca recordara los nombres de las mujeres, igual que mi mejor amigo (también conocido como Barba Azul), que jamás aludía a sus esposas por sus nombres hasta que se divorciaban. En una entrevista con Studs Terkel de la década de 1960, Baldwin, hablando de la raza en Estados Unidos, había planteado un desafío: «Para que me aprenda tu nombre vas a tener que aprenderte el mío». «Sí —pensé—, lo que de verdad debería decirle al Gran Plata es algo del estilo: "Vas a tener que aprenderte mi nombre para que yo me aprenda el tuyo".» Se quedaría de piedra. Para ser sincera, yo misma estaba perpleja. Qué misterio. Simone de Beauvoir describía *El segundo sexo* como una exposición del «alcance, intensidad y misterio de la historia de la opresión de la mujer».

Es un gran misterio querer reprimir a las mujeres. Y es otro misterio aún mayor cuando las mujeres quieren reprimir a las mujeres. Solo se me ocurre pensar que somos tan poderosas que tienen que reprimirnos todo el tiempo. En fin, tal como James Baldwin me había enseñado, tenía que decidir quién era yo y luego convencer al resto de la fiesta de que era quien era, pero por desgracia en esa fase hacía de tripas corazón. Tenía que sobrevivir a todo lo que había perdido y encontrar rituales para celebrarlo.

Mientras el Gran Plata seguía hablando de él, vi que el hombre que lloró en el funeral se acercaba hacia mí. Nos abrazamos con cariño, demorándonos un momento en el abrazo como reconocimiento de que la última vez habíamos coincidido en circunstancias emotivas: el funeral del que había sido su amante durante años, el final de mi matrimonio.

—¿Cómo estás? —me susurró al oído.

—No lo sé.

—Sí que lo sabes.

—Bueno, pues bien —respondí—. Esta tarde he discutido con mi correctora por unas comas. Le gusta insertar comas en el texto para facilitar la lectura. Adora las comas. Tiene una enfermedad que yo calificaría de psicosis por las comas. Las mete en todas partes. Es algo así como trabajar con una coma puesta de Viagra.

Cuando el hombre que lloró en el funeral se rio, caí en la cuenta de que yo solo lo había escuchado llorar, que era una forma muy extraña de conocer a alguien.

Nos pusimos a hablar obviando al Gran Plata.

Me dijo que había leído las conferencias de Gertrude Stein, *Lectures in America*.

—Por lo visto a Stein le parecía que es obvio cuando algo es una pregunta y por tanto dejó de emplear signos de interrogación y consideraba que las comas eran serviles. En su opinión era decisión del lector si quería parar y tomar aire.

Se inclinó para coger dos copas de champán de una bandeja de plata y me pasó una.

Le había llevado tiempo recuperarse de la muerte súbita de su examante, pero había ocurrido algo extraño. Me contó que el Amor no se había limitado a firmar en el libro de visitas, se había mudado con él. Se llamaba Geoff.

—Por cierto —dijo—, ¿y el collar de perlas? Creía que no te lo quitabas nunca, ni siquiera para nadar. —Después de contarle que el collar había estallado en mi lugar en el aparcamiento delantero, me dijo—: Si te encargas tú de todo el trabajo pesado, tendrías que hacer un poco de lo contrario.

—¿Como qué?

—¿Por qué no preparas helados?

Me tomó del brazo y me llevó al jardín.

—¿Quién es el hombre del pelo plateado con el que estabas hablando?

—Escribe biografías militares. Su tema es la guerra —le dije a mi nuevo amigo, que había dejado de fumar pero no obstante estaba fumando.

—Ah —replicó, blandiendo el cigarrillo—, me pregunto si estará de acuerdo con Brecht: «La guerra es como el amor; siempre encuentra un camino». ¿No tienes frío con ese vestido?

—No. Paso tanto tiempo fuera que ya no noto el frío.

—Si vamos a quedarnos aquí necesitaré una manta.

Mientras él tiritaba y fumaba, le hablé de la masajista de sesenta años que hacía poco me había machacado la espalda mientras estaba tumbada boca abajo con la cara encajada en el agujero de la camilla. Por lo visto se había pasado el fin de semana comprando mantas suaves —de un mohair de excelente calidad y lanas puras— con las que había cubierto el sofá y las sillas. Cuando le pregunté «¿Por qué mantas?», me respondió: «Porque la guerra ha terminado».

Me encontré riendo a carcajadas con la cara embutida en el agujero. Ella también se rio. Yo no estaba muy segura de qué nos reíamos, salvo que quizá estuviera aludiendo a hacer las paces con un dolor oculto.

Me habría gustado saber más de su guerra. Lo que estaba claro es que no se había ganado en los campos de juego de Eton.

Vimos que la gente se había puesto a bailar dentro de la casa.

El hombre que lloró en el funeral me empujó hacia la puerta.

—Vamos, llevas un vestido precioso, bailemos, bailemos, bailemos.

Bailamos como si fuera nuestra última noche en la tierra… y para celebrar su nuevo amor y mi nueva libertad y para celebrar que me habían nominado a un premio literario importante y por mil y una noches sin dolor, y porque, en sus palabras, «la vida es frágil como una zapatilla de cristal». No terminé de entenderlo, pero dijo que había bebido demasiado champán y que tal vez se refiriese a un ataúd de cristal, algo todavía más desconcertante, pero por otro lado era El Hombre que Lloró en el Funeral.

Nos descalzamos a puntapiés, tal como pedía la canción que estaba sonando. Habían arrimado contra la pared tres espléndidos sofás de terciopelo rojo. Giramos y saltamos y sudamos y luego un gatito rayado se coló provocativamente en la pista de baile, como un leopardo minúsculo, con la cola enhiesta. Lo levanté con cuidado de entre los pies del gentío y lo posé sobre la cabeza de mi nuevo amigo.

—Noto el ronroneo por mis dedos —dijo mi amigo.

En ese momento creí que la tempestad había pasado. Estaba lista para hacer algo que nunca había hecho, como escribir un manifiesto en la pared del lavabo de un pub.

Creo en la gente nerviosa a la que le tiemblan ligeramente las manos.

El gatito se había escapado y se abría paso hacia los sofás de terciopelo rojo, justo mientras Bowie cantaba sobre caer y temblar y sobre una flor. Lo seguí y me senté al lado de una mujer de larga melena negra que estaba sentada en el borde de uno de los sofás. Llevaba una camisa blanca y estaba absorta cosiéndose un pequeño botón nacarado en el puño izquierdo. Me dijo algo, pero no pude entenderla bien porque tenía una aguja en la boca. El pelo, que siempre llevo recogido, se me había soltado y yo también estaba sujetando una horquilla con la boca. El hombre que lloró en el funeral se dirigió hacia nosotras, muy lento y liviano, como si caminara por encima de un ataúd de cristal.

—Hola, Clara —saludó a la mujer del sofá—. Me gustaría presentarte a mi amiga. ¿Sabes que es capaz de recogerse la melena solo con una horquilla?

—Sí, yo también sé hacerlo —respondió ella.

Cuando regresé a casa me pasé una hora en internet conversando con Gupta, en India, sobre los problemas de mi programa Microsoft Word.

Al volver a consultar los mensajes de entrada, vi que Gupta había escrito: «No se preocupe. Yo la ayudaré».

Por alguna razón, la palabra «Yo» de la pantalla parpadeaba y saltaba y temblaba.

Yo me sentía igual.

7

LA OSCURIDAD NEGRA Y AZULADA

Mi nueva vida consistía en buscar llaves a oscuras. Tenía una llave de la casa de mi madre y una llave para que mi hija entrara en el piso de su padre. Había una llave de la puerta del jardín de Celia que conducía al cobertizo donde escribía y una llave para el cobertizo en sí, una llave para la casa de Celia, una llave para la bicicleta eléctrica, una llave para la batería eléctrica, una llave llamada mando para entrar en mi bloque y luego dos llaves para la puerta principal. Estábamos en febrero en Gran Bretaña. El cielo de primera hora de la mañana era como la medianoche. Y había vuelto a oscurecer por la tarde cuando cerraba el cobertizo y cruzaba el jardín empapado cargada con la batería de la bicicleta (que había estado cargándose durante el día). Luego abría la puerta del jardín (una puerta complicada de abrir y cerrar incluso a plena luz del día), empujaba la bici y las bolsas al otro lado y volvía a cerrar la puerta. A menudo el coche de Celia estaba aparcado en el sendero y resultaba casi imposible colar la bicicleta por el lado. Celia estaba cada día más vieja, había cumplido ya ochenta años, y por tanto no me gustaba interrumpir su hábito de gritar a todos los que estuvieran en casa. Así que tenía que alzar la pesada máquina eléctrica a pulso por encima del capó del coche sin arañar la pintura.

Compré una linterna y la llevaba conmigo a todas partes. También disfrutaba con mi nuevo destornillador eléctrico. Cabía perfectamente en el bolso y parecía un pequeño revólver. Me satisfacía enormemente apretar el botón rojo y escucharlo zumbar como un poseso. Apreté los tornillos flojos de la puerta del jardín y de la puerta del cobertizo. Lo que facilitó la tarea de abrir y cerrar las puertas a oscuras. Eso sí, con las llaves, el destornillador, la linterna, las bolsas repletas de libros y compras y alargadores, costaba lo suyo, incluso en bicicleta eléctrica, remontar la peligrosa colina helada.

Una tarde me dirigí desde el cobertizo donde escribía a una reunión sobre una posible adaptación cinematográfica de una de mis novelas. Debería haber cogido el metro, pero la bici, alta y fuerte debajo del manzano, se me antojó particularmente atractiva. En Mornington Crescent no tuve más remedio que apoyarla boca abajo en la acera y arreglar los eslabones de la cadena, que se había atascado.

Se me mancharon las manos de grasa negra y tuve que entrar corriendo en un restaurante de fideos chinos, pedir un té verde y luego lavarme las manos en el servicio; no había espejo ni jabón ni agua caliente. Era muy importante no llegar tarde a la reunión. Tenía excursiones escolares que pagar y también un recibo del gas y además estaba el horror del ordenador, que había empezado a emitir extraños chasquidos cuando se negaba a apagarse.

Los ejecutivos esperaban sentados alrededor de una reluciente mesa de roble en una sala sin ventanas. Eran inteligentes, tenían experiencia, iban acicalados, estaban en la cresta de la ola. Me ofrecieron un vaso de agua y lo acepté, agradecida. Al cabo de un rato comprendí que tenía una idea anticuada de cómo debía ser ese tipo de reunión y que la había adquirido viendo demasiadas películas en blanco y negro. Lo que yo imaginaba era un ambiente donde bebíamos negronis en un club nocturno de Roma, trazando el arco principal de la película mientras al fondo retozaban unas bailarinas adornadas con plumas.

Me hicieron una pregunta importante. ¿Quién consideraba que era el personaje principal de mi novela *Nadando a casa*, Kitty Finch o Jozef Nowogrodzki, al que llamaban Joe? Respondí que si la película giraba en torno a Joe, el guionista quizá tuviera que rellenar literalmente su pasado (había nacido en Polonia, era judío, huyó bosque a través en 1943 cuando tenía cinco años rumbo al este de Londres) pero que sería más interesante remontar su trayectoria hasta Kitty Finch, que de todos modos se creía conectada con él por telepatía. Me ofrecí a escribir el guion porque sabía cómo desarrollar esa historia pasada desde el punto de vista de Kitty. «No necesitamos contar el pasado mediante un flashback», dije, pero cuando me pidieron que explicara de qué otro modo podría revelar el pasado, se me atascaron las palabras.

En realidad, la coexistencia de pasado y presente era una técnica que estaba empezando a desplegar en mi obra literaria y me parecía que en cine también podría funcionar. Quedó claro que no me creyeron y me pidieron que les enviara por correo electrónico una lista de los personajes principales y secundarios antes de finales de semana.

Después de la reunión fui a una cafetería a tomarme el expreso que tanto necesitaba. De la pared colgaba un espejo enorme en un marco barroco dorado. Allí fue donde descubrí que había asistido a la reunión con tres hojitas embarradas en el pelo. Creo que porque había tenido que agacharme por debajo del manzano para salir del cobertizo. No fue una visión agradable, pero podría haber sido peor: telarañas pendiendo de las orejas o bichitos muertos pegados a las cejas. Trabajar en un cobertizo planteaba ciertos problemas al acicalamiento. Igual que montar en la bicicleta eléctrica. Que en cierto modo era la protagonista de mi vida.

Daba mucho trabajo. El protagonista siempre es el personaje que da más trabajo.

La bicicleta eléctrica me exigía más que mis hijas. Un poco antes, de camino a la reunión, dos hombres distintos se habían parado a preguntarme por la bicicleta eléctrica, uno en los semáforos de Camden Town, otro junto al puesto de frutas de la estación de Goodge Street. Me había acercado en bici a la frutería para comprar una única ciruela negra. Al principio pensé que aquellos dos hombres tan agradables simplemente habían buscado una excusa para hablar conmigo porque les resultaba increíblemente atractiva, pero no, yo era el personaje secundario y la bicicleta la celebridad contracultural. Supongo que los hombres eran secundarios y yo me había salido de mi personaje, feliz de explicarles que la bicicleta alcanzaba una velocidad máxima asistida de 24 km/h y venía equipada con un motor de 200 vatios. Mientas charlábamos, sentía que me había unido a una especie de hermandad al tiempo que bregaba con la maternidad. Era una matriarca eléctrica en una realidad patriarcal. La vida era dura y carecía de guion. «Tal vez yo estuviera escribiéndolo.» ¿Y qué había pasado con la ciruela? La había probado mientras conversaba con el hombre de la estación de Goodge Street. Estaba jugosa, firme y gorda. Si yo escribiese el guion, la ciruela marcaría un giro de la trama; el hombre habría dicho: «Por cierto, ¿sabes que llevas tres hojas enganchadas en el pelo?».

Apuré el café de un trago y me levanté para seguir con mi día. En todo caso, resultaba esencial añadir un espejito de bolsillo al bolso, junto con el pintalabios, el destornillador eléctrico, la pluma, la linterna y el frasquito de aceite esencial de rosas (*Rosa centifolia*), que ahora me ponía en las muñecas para serenarme.

¿La serenidad huele a rosas? Una rosa es bondadosa. Una rosa consuela. La rosa es la emperatriz de las flores. Quizá una rosa sea la emperatriz de las penas. Cuando Bessie Smith cantaba que no podía vivir en una casa que se caía a pedazos, contaba cómo me sentía en mi vieja vida. Es la misma canción que James Baldwin escuchaba el invierno que pasó en las montañas de Suiza, donde, lejos de Harlem, escribió *Nadie sabe mi nombre*.

En realidad, no tengo ni idea de qué es la serenidad. Se supone que la serenidad es uno de los personajes protagonistas de la personalidad cultural de la feminidad anticuada. La mujer es serena y aguanta. Sí, tiene tal talento para aguantar y sufrir que hasta puede que el aguante y el sufrimiento sean los protagonistas de su historia.

Cabía la posibilidad de que la feminidad, tal como me la habían enseñado, hubiera llegado a su fin. La feminidad, como personalidad cultural, ya no me resultaba expresiva. Era evidente que la feminidad, tal como la habían escrito los hombres y la habían interpretado las mujeres, era el fantasma agotado que todavía rondaba por los primeros años del siglo XXI. ¿Cuánto costaría salirse del personaje y detener la historia? Había numerosos desvíos, tales como la feminidad empresarial, en los que las mujeres con jefes masculinos seguían obligadas a vestirse de un modo que sirviera para dar su consentimiento en la sala de juntas y en el dormitorio. ¿Cómo se podía agradar al jefe erótica y comercialmente todo el tiempo? Esa clase de feminidad no sienta bien. Al cabo de poco comienza a verse sucia. Mi amiga Sasha, de economía boyante, me había contado que los viernes ella y sus colegas del trabajo terminaban borrachas como cubas y vomitándose en los uniformes de empresarias. Pensé que Sasha y sus amigas eran versiones tardocapitalistas de las ménades, devotas de Dionisos también conocidas como «las delirantes», salvo que las ménades llevaban cascos cornudos y podían desgajar robustos troncos de árbol cuando se embriagaban. En la Atenas del siglo v antes de Cristo sus cuerpos eran poseídos imaginativamente por varios dioses. Sasha apuntó que, en el siglo XXI, su cuerpo era poseído imaginativamente por varios de sus jefes, que insistían en que ir al trabajo en tacones y minifalda la investía de un poder increíble.

No, no conocía a muchas mujeres que quisieran recuperar el fantasma de la feminidad. De todos modos, ¿qué es un fantasma? El fantasma de la feminidad es una ilusión, un engaño, una alucinación social. Es un personaje muy complicado de interpretar y un papel (sacrificio, aguante, alegre sufrimiento) que ha enloquecido a algunas. No era una historia que me apeteciera volver a escuchar.

Había llegado el momento de encontrar protagonistas nuevos con otros talentos.

Mientras me dirigía hacia mi bicicleta, que había dejado encadenada frente a un Tesco Express, iba gruñendo por el desastre de reunión. ¿Cómo pensaba conquistar el mundo del cine si entraba en la sala de ejecutivos con hojas en el pelo? ¿Cómo iba a presentárseme una oportunidad si no conseguía acertar con las palabras para explicar una técnica para el flashback en tiempo presente que, para comenzar, había aprendido de las películas? Directores como David Lynch, Michael Haneke, Agnès Varda y Alain Resnais eran mis musas y maestros al respecto. Y en particular las películas de Marguerite Duras, sobre todo por los medios cinematográficos con los que mostraba el regreso de los recuerdos reprimidos a las vidas de los protagonistas de la pantalla. Había creado un lenguaje en el cine que se acercaba todo lo que se podía a la subjetividad sin morir de dolor.

De algún modo yo había reprimido toda esa información en la sala sin ventanas de los ejecutivos.

Estaba convencida de que uno de mis talentos por descubrir era el de guionista. Toda la gente que conocía estaba harta de las viejas representaciones de siempre de la masculinidad y la feminidad que se escribían para protagonistas y secundarios. Saltaba hacia delante a mis setenta años y me veía tecleando al borde de mi piscina en California. Me convertía en una legendaria y bronceada genio del cine, famosa por escribir en bañador, rodeada de frondosas plantas tropicales que siempre abrían la mente y ayudaban a que ocurriera algo. A la hora del almuerzo, la gente de mi equipo me agitaba un cóctel y asaba calamarcitos frescos en la barbacoa.

Había empezado a llover. Las aceras londinenses olían a monedas viejas.

Sí, mi soleado jardín de California estaría repleto de aves cantarinas de colores. El reloj de pájaros del piso de Londres era solo el ensayo de la realidad. Al final del día, agotada de buscar técnicas para traer el pasado al tiempo verbal presente sin un solo flashback, nadaría a la luz de la luna con el compañero de mi elección, mientras todos los personajes, principales y secundarios, de mi guion esperaban pacientemente a que volviera a saludarlos por la mañana. ¿El compañero que hubiera elegido era un personaje principal o secundario? Principal, claro está. ¿Y dónde estaban mis hijas? ¡Ah, no! Habrían crecido, vivirían su vida, temiendo la llamada de su madre: «Es ella, está en California».

¿Y qué podía decirles a mis hijas? «Hum, no soy como esas madres que viven a través de sus hijos, no, en absoluto. Tengo a un personaje principal junto a mí en la piscina. Llevo una vida plena y emocionante. Por cierto, ¿qué vais a hacer en Navidad? ¿Sabéis que aquí hace un clima tropical?»

Entré en el Tesco Express y compré un pollo para asar para mi hija y sus amigas. Después lo pensé mejor y también compré una ramita de romero en una bolsita sellada.

Esa noche, mientras pedaleaba colina arriba bajo una lluvia torrencial, la bolsa se rompió y salieron volando un libro de Freud, *El chiste y su relación con lo inconsciente*, el cargador de la batería de la bici eléctrica (instrucciones: «protéjalo de la lluvia»), un pintalabios, una linterna, un destornillador y cinco mandarinas. El tráfico tuvo que pararse mientras buscaba el pollo. Yacía como la víctima de un accidente junto a las ruedas del coche que lo había atropellado, aplastado pero entero, con las huellas de los neumáticos grabadas en la piel. Lo recogí y dejé que las mandarinas rodaran colina abajo.

Mientras aplastaba ajos y limones para marinar el pollo al que habían matado dos veces, una en el matadero y otra en una calle de Londres, me di cuenta de que la lluvia me había empapado la ropa. Realmente estaba agotada y sola. No había ningún adulto cerca que me dijera: «¿Por qué no te quitas esa ropa empapada y te das una ducha con agua caliente?». Estaba sola y era libre. Libre para pagar las enormes facturas por suministros de un piso que contaba con muy pocos y en ocasiones ni siquiera con lo básico. Libre para mantener a mi familia escribiendo en un ordenador que estaba a punto de morir. Era urgente que confeccionara la lista de protagonistas y secundarios y la mandara inmediatamente por correo electrónico a la sala de ejecutivos.

Metí el pollo en el horno dando un portazo y me planteé descorchar la botella de vino que me había regalado el hombre que lloró en el funeral. Al mismo tiempo, eché un vistazo a la solitaria ramita de romero que había comprado en el supermercado, el código de barras estampado en la bolsa sellada. El romero era la hierba del recuerdo, pero yo solo quería olvidar. En la casa familiar había plantado romero en la zona más soleada del jardín. Había crecido hasta formar un frondoso arbusto con flores de un violeta azulado. La ramita solitaria que tenía delante era una bala al pasado.

Decidí abrir la botella de vino y mandar un mensaje de texto a mi amiga Lily para invitarla a compartirla conmigo. Llegó con una caja de fresas y me preparó un baño mientras me explicaba cómo le había ido el día. Mi hija y sus amigas adolescentes pusieron la mesa. Llevaban brillo de labios y grandes pendientes de aro. Estaban locas por la vida y la vida las volvía locas. Tenían una conversación interesante, astuta e hilarante. Pensé que podrían salvar al mundo. Todo lo demás desapareció, como la carne del pollo atropellado, que mi hija y sus amigas y Lily y yo devoramos con fruición.

8

LA REPÚBLICA

Apartarse del amor significa vivir sin riesgo. ¿Qué sentido tiene una vida así? Mientras cruzaba el parque en mi bicicleta eléctrica de camino al cobertizo donde escribo, se me pusieron las manos azules del frío. Ya no llevaba guantes porque me pasaba la vida buscando llaves a oscuras. Me paré junto a la fuente, solo para descubrir que la habían clausurado. Un cartel del Ayuntamiento rezaba: «Fuente en hibernación».

Me dije que eso me había pasado a mí también.

Vivir sin amor era una pérdida de tiempo. Estaba viviendo en la República de la Escritura y los Hijos. Al fin y al cabo, no era Simone de Beauvoir. No, yo me había bajado del tren en otra parada (el matrimonio) y me había subido a otro andén (los hijos). Ella era mi musa, pero está claro que yo no era la suya.

De todos modos las dos habíamos comprado un billete (pagado de nuestro bolsillo) para el mismo tren. El destino consistía en dirigirse a una vida más libre. Es un destino vago, nadie sabe cómo será cuando lleguemos allí. Es un viaje sin final, pero yo entonces no lo sabía. Simplemente viajaba. ¿Adónde si no podía dirigirme? Era joven y encantadora, me subí al tren, abrí mi diario y empecé a escribir en primera persona y en tercera.

Simone de Beauvoir sabía que una vida sin amor era una pérdida de tiempo. Su duradero amor por Sartre parece haber estado supeditado a vivir en hoteles y no fundar un hogar con él, lo que en la década de 1950 era más radical de lo que creo que ella pensaba. Mantuvo el compromiso de que Sartre fuera el amor esencial de su vida durante cincuenta y un años, pese a otros apegos. Sabía que no quería tener hijos ni servirle el desayuno ni hacerle los recados ni fingir que no participaba intelectualmente del mundo para que él la quisiera más. La horrorizaba la mediana edad, hasta extremos que no termino de comprender. De todos modos, tal como le escribió al escritor Nelson Algren, arrebatada por su nuevo amor: «Lo quiero todo de la vida, quiero ser una mujer y quiero ser un hombre, tener muchos amigos y tener soledad, trabajar mucho y escribir buenos libros y viajar y disfrutar...».

Cuando estuve de gira promocional por Estados Unidos y aterricé en Chicago, mi editor me puso chófer. Se llamaba Bill y lo sabía todo de Chicago. Lo primero que hizo fue llevarme a ver el lugar donde había vivido Nelson Algren cuando Simone de Beauvoir emprendió el largo viaje desde Francia para estar entre sus brazos. Era una calle frondosa, bordeaba por casas espaciosas construidas con ladrillo rojo, con galerías y jardines. Bill me contó que en los tiempos de Algren era una barriada dura y lúgubre y que Algren se codeaba con putas, boxeadores y yonquis. Pensé en Simone, una de las intelectuales destacadas de su época, llegando a Chicago, que no podía ser más distinto de París, y en cómo encontró el amor en la tercera planta de una vieja casa de ladrillo rojo. Durante un tiempo, Algren la había liberado sexual y emocionalmente de Sartre.

¿Cómo era no despertarse en un hotel? ¿Ser la invitada en la casa de su amante? Cabía suponer que él habría elegido los muebles y habría comprado las bombillas. Era su anfitrión. Algren le había escrito cuando temió que su amor transatlántico estuviera tocando a su fin para contarle la verdad sobre las cosas que quería: «Un lugar que sea mío donde vivir, con una mujer mía y tal vez un hijo también mío. No tiene nada de extraordinario querer cosas así».

No, todas esas cosas tan agradables no tienen nada de extraordinario. Excepto que Simone sabía que a ella le costarían más que a él. Al final decidió que no podía permitírselas. Cuando Algren le suplicó que dejara París para vivir con él en Chicago, le escribió: «No podría vivir solo para el amor y la felicidad. No podría renunciar a escribir y trabajar en el único lugar donde mis escritos y mi trabajo tal vez tengan sentido».

Seguro que podía escribir y ser feliz y tener un amor y un hogar y un hijo, ¿no? A ella no se lo pareció. A mí me ha resultado complicado. De todas maneras, yo sabía desde joven que, de quererlo, podía ejercer el control autoral de mis libros. Algo que no es tan obvio como parece. ¿Cómo iba a hacerlo con veintitantos años si se suponía que debía agradar a todos en un intento de conseguir aprobación, un hogar, hijos y amor?

¿Y los hombres que, como Algren, querían un hogar, hijos y amor? En mi hotel de Boston había entrevisto a un hombre sentado con su compañera a una mesa de la cafetería con vistas al puerto. Él estaba enamorado, era atento y amable y gentil. Ella se había quitado las sandalias y la chaqueta y las gafas de sol y la pulsera de oro que llevaba en la muñeca. Mientras él presionaba los labios contra la piel reluciente de los brazos femeninos desnudos, ella miraba a lo lejos y luego se alejó caminando de los labios y del sol. Al rato, él recogió las sandalias, la pulsera, las gafas de sol y el bolso, su cámara, la crema solar y el teléfono, y se dirigió a la mesa a la sombra. Algo o alguien en la vida le había hecho tener el suficiente coraje para encargarse de los besos y del transporte. Si él la quería más de lo que le quería ella, ¿cómo iniciaría ella la conversación de un modo que no destruyera el coraje del compañero?

Mientras estaba sentada en los escalones de piedra junto a la fuente en hibernación, vi a una de mis estudiantes caminando por el parque. Llevaba un abrigo rojo y guantes de lana roja. Iba hablando por el móvil. Al cabo de un rato se quitó el guante de la mano derecha para sujetar mejor el teléfono, alargando la mano izquierda hacia las escasas hojas que quedaban en el árbol.

Hacía poco me había dado a leer parte de sus escritos. Saltaba a la vista que le asustaba que se burlaran de su voz incipiente. Cada vez que escribía algo que pensaba de verdad, a continuación hacía una broma cruel sobre sí misma para socavar la verdad que había tratado de desentrañar. ¿Quizá estuviera buscando aprobación, amor? Sin embargo, ¿qué clase de amor le exigiría que ocultara su talento? Entre sus influencias se contaban Claude Cahun (de soltera Lucy Schwob, poeta, artista y miembro de la resistencia durante la Segunda Guerra Mundial) y un libro que llevaba siempre encima, *Piel negra, máscaras blancas*, del psiquiatra y revolucionario Frantz Fanon, que había nacido en la isla caribeña de Martinica. Mi alumna había arrancado el papel pintado de las paredes de su casa familiar y había metido la mano entre los ladrillos desnudos buscando algo que sabía que estaba allí. En su escrito aparecían dos pájaros cantores enjaulados. Después de leerlo varias veces, me pregunté por los pájaros, a los que estaba muy unida. Los acontecimientos traumáticos del relato ocurrían durante los meses del monzón en el sur de la India, entre julio y septiembre. Le sugerí que trabajara con la lluvia en lugar de con los pájaros. Reescribió la historia y el relato cobró vida. Quedó matizado y furioso, una combinación difícil de conseguir. Había utilizado el último verso de un poema de Langston Hughes como cantinela irónica y triste que había ido repitiendo a lo largo del relato.

Y adoro la lluvia.

Ahora que los pájaros ya no gritaban por encima de su poderosa voz, la estudiante me contó que le costaba estar a la altura de la fuerza de aquellos. Le daba miedo. Cuando le dije que creía que tenía talento de sobra, se echó a llorar. Y luego dijo: «Lo siento, no he desayunado». Rebuscó en la mochila y sacó dos samosas minúsculas. Cuando alisó la servilleta que las envolvía y la usó para enjugarse los ojos, estaba nerviosa y le temblaban un poco las manos. Ese mismo día, más tarde, vi que se había dejado las samosas en el escritorio de mi despacho. Tuve que bajar corriendo dos pisos para encontrarla y, cuando le devolví las samosas, me miró y me dijo:

—Pero si las he dejado para usted.

—Bueno, gracias. Pero no tienes que regalarme nada por decirte que eres un genio.

Marguerite Duras no tenía la «fatal paciencia» que De Beauvoir creía, con toda razón, que las mujeres que habían sido madres debían adquirir en perjuicio propio. Después de escribir *El arrebato de Lol V. Stein*, Duras hizo un comentario curioso, dijo que se había permitido hablar «en un sentido completamente ajeno a las mujeres». Sé a lo que se refiere. Cuesta reivindicar nuestros deseos y es mucho más relajado mofarse de ellos.

La estudiante me vio de pie junto a la fuente clausurada y me saludó. Tras los intercambios de rigor —«¿Qué haces aquí? ¿Vives por los alrededores?»— le enseñé el cartel que anunciaba que habían puesto la fuente en hibernación. Me preguntó si esa expresión existía realmente. Nunca la había escuchado. ¿Era una acepción nueva? La buscamos en nuestros teléfonos y vimos que significaba «acondicionar algo para el invierno». En tal caso, yo no estaba para nada hibernando. Me identificaba con Camus, que aseguraba llevar dentro un verano invencible, incluso en invierno. Todavía estaba explorando la idea de que Holloway Road recordaba al mar Adriático. Aún no había renunciado, pero costaba terminar de pulirla. La alumna me contó que hacía poco había visto una exposición de la fotógrafa estadounidense Francesca Woodman. Woodman había realizado una serie de autorretratos, a menudo desnudos, en los que había desarrollado una técnica para difuminar la forma femenina. Constantemente intentaba hacerse desaparecer en las paredes y detrás del papel pintado y por el suelo, transformarse en vapor, en un espectro, una mancha, un borrón, un sujeto femenino borrado pero reconocible.

—Sí —dijo la estudiante—, me siento así a menudo.

—Al menos tienes guantes —comenté bromeando—. Vas hibernada.

Al cabo de un rato le pregunté adónde iba.

Resultó que iba a desayunar con su amiga Nisha, que era fotógrafa.

—Como no tenemos dinero pedimos un desayuno inglés completo para las dos. Nisha se come el beicon, la salchicha y un huevo. Yo me quedo los champiñones, el tomate y el otro huevo, compartimos las judías y el puré de patatas.

—Parece un buen apaño, pero ¿el puré de patatas no es más propio de un desayuno americano?

—Sí, pedimos un desayuno inglés con una relación especial con América. Pero la verdad, prefiero las patatas con cebolla al puré.

Nos deseamos un buen día y me encaminé colina abajo a escribir en el cobertizo.

El cobertizo estaba hibernado. Caldeado. Había cubierto el suelo con dos kilims, pero no tenía el menor deseo de domesticar mi lugar de trabajo. Hasta el momento, aparte de una decena de libros, el ordenador y varios diarios, no había mucho más.

Una vela en forma de cactus.

Las cenizas de Daisy la Perra de la Paz.

Un espejo mexicano en un marco de trocitos de cerámica.

Una silla de madera azul.

Una silla verde para escribir forrada con dos pieles de oveja.

El congelador.

Una lámpara larga de base circular de cemento y bombilla con la punta plateada.

Un paraguas de rayas verdes y amarillas.

Un paquete de pasas y frutos secos.

Una radio.

El jardinero que venía una vez al mes a cuidar del manzano y las plantas era un actor de cincuenta y tantos años. Tenía una voz profunda y serena y los ojos azulísimos. Solíamos hablar de los libros que estábamos leyendo y sus diversos trabajos de actor y por qué había elegido unas ocupaciones tan precarias. Le preocupaba que el cobertizo fuera un lugar demasiado austero y duro para trabajar en invierno. A veces recogía un ramo de hierbas y flores invernales del jardín y me las llevaba al cobertizo. No podía decirle que las flores despertaban algunos de los recuerdos más dolorosos de mi vida pasada. ¿Cómo puede avivar una flor una herida? Puede hacerlo y lo hace si es un portal al pasado. ¿Cómo puede una flor revelar información acerca de protagonistas y secundarios? Puede hacerlo y lo hace. ¿Cómo es que una flor puede parecerse a un delincuente? Al escritor y delincuente Jean Genet los uniformes listados de los presos le recordaban a flores. Tanto a las flores como a las banderas les pedimos que hablen por nosotros, pero no estoy segura de saber qué es lo que dicen.

Un jardinero es siempre un futurista con una visión de cómo una planta pequeña y humilde con el tiempo brotará y resplandecerá. ¿Los futuristas tienen flashbacks o solo flashforwards? Me gustaba pensar que el pasado, como yo lo vivía, tenía el mismo final que Ziggy Stardust. Me despedía de él y luego se alzaba de entre los muertos ataviado con una serie de atuendos increíbles. Sí, estaba con Ziggy y también estaba con Kierkegaard hasta el final: «La vida solo puede entenderse en retrospectiva; pero hay que vivirla mirando hacia delante».

En nuestras pausas de escribir y trabajar el jardín, el jardinero me enseñaba los distintos tipos de menta que estaba cultivando en macetas o me explicaba por qué podaba tanto el manzano. Yo le había tomado mucho cariño al manzano, en parte por la inspiración de las ardillas que correteaban arriba y abajo por el tronco y se volvían de pronto a mirarme mientras estaba sentada a solas en el cobertizo. Aunque parecían sorprendidas, yo sabía que ellas sabían que ya estaba allí antes de que se girasen a mirarme. Ese había sido el tema de *Cosas que no quiero saber*, donde especulaba sobre que las cosas que no queremos saber son las que sabemos de todos modos, pero no queremos prestarles demasiada atención. Freud describía este deseo de ignorar lo que sabemos como olvido motivado.

Me gustaba compartir el jardín con las ardillas. Me había pasado dos décadas buscando plantas acogedoras para los pájaros y las abejas y las mariposas de la casa familiar, pero en este momento de ruptura, solo quería una mesa y una silla para escribir en la soledad de mi cabaña.

Aquel jardinero tenía el don de aparentar que dedicaba toda su atención a la persona con la que hablaba, como si estuviera cuidando de una planta, valorando cómo responderá a las inclemencias, el suelo y la convivencia con otros ejemplares. Le veía en la mirada azul e intensa que era actor. Todo y todos le despertaban curiosidad. La interpretación es un extraño oficio en el que el actor habita el interior de otra persona.

Estaba investigando el mito de Medusa en el cobertizo, y ella se había instalado en mi interior. No estaba segura de que me gustara tenerla ahí. La Medusa era una mujer muy poderosa y muy alterada. Constituía un mito peculiar sobre una mujer que sostenía la mirada masculina en lugar de apartar la suya, algo que terminaba con su cruel decapitación, con la separación de la cabeza de una mujer (la mente, la subjetividad) de su cuerpo… como si su potencial fuera una amenaza demasiado grande. Robert Graves especulaba que la razón para dicha decapitación era conseguir poner fin a la amenaza del poder femenino y afirmar la dominación masculina. Para mi sorpresa, la Medusa había empezado a adentrarse en mi nueva novela.

Por aquel entonces pensaba mucho en una mujer que me contó que su marido nunca la miraba. «Jamás. Incluso cuando habla conmigo, mira a otra parte.» Cuando estaba con ellos comencé a mirarlo solo a él, nunca a ella. Esa mujer que habitaba en una casa enorme con su marido y dos perros feroces (quizá para protegerlos del riesgo de algún intercambio más íntimo entre los dos) vivía sujeta a una curiosa forma de violencia pasiva. Empezó a aceptar más responsabilidades en el trabajo porque no quería pasar más horas en casa con él. Vivían en el mismo hogar pero llevaban vidas separadas y dormían en habitaciones distintas. Cuando la mujer regresaba a casa de su exigente vida profesional, le gustaba tener a alguien con quien ver películas por la noche. Pero cuando luego comentaban la película, aseguraba que la mirada del marido no se apartaba de la pantalla mientras daba su opinión, mucho después de que hubieran terminado de pasar los créditos. A ella le entraban ganas de salir de la habitación y estar en otra parte, pero entonces recordaba que vivía allí, que estaba en su casa.

La temperamental política del hogar moderno se había vuelto complicada y confusa. Conocía a demasiadas mujeres modernas y aparentemente poderosas que habían creado un hogar para todos los demás, pero no se sentían a gusto en la casa familiar. Preferían la oficina o dondequiera que trabajasen porque su estatus era mayor que como esposa. Orwell, en su ensayo de

1936 «Matar a un elefante», señalaba que el imperialista «lleva máscara, y su cara se adapta a ella». La esposa también lleva máscara y su cara se adapta a ella, en todas sus variantes. Algunas mujeres que eran las que más ganaban en la familia eran castigadas subrepticiamente por sus maridos por cualquiera de sus éxitos. Los compañeros se habían vuelto resentidos, estaban enfadados y deprimidos. Como nos dijo Simone de Beauvoir, se supone que las mujeres no deben eclipsar a los hombres en un mundo en que el éxito y el poder están reservados para ellos. No es fácil arrogarse el privilegio histórico del dominio sobre las mujeres (con un giro moderno) si el hombre depende económicamente del talento de su mujer. Al mismo tiempo, la mujer recibe el mensaje fatal de que debe ocultar sus talentos y capacidades para que él la quiera. Ambos saben que los dos están mintiendo para salvarle a él la cara, que también se ha adaptado a la máscara. Los ojos masculinos miran por los agujeros con miedo de que el mundo lo descubra. Es también la cabeza falsa que la oruga presenta a los depredadores. El hombre sabe que la máscara del patriarcado es anormal y perversa, pero le resulta práctica para evitar que lo hieran. En su versión más recargada, la máscara le ayuda a aparentar ser racional mientras intimida a las mujeres, a los niños y a otros hombres. Por encima de todo, sirve para protegerle de la ansiedad ante el fracaso a ojos de otros hombres. Si a un hombre se le considera un triunfador porque consigue reprimir a las mujeres (en casa, en el trabajo, en la cama), sería un gran logro que fracasara en ese particular.

El dolor del hombre de mediana edad contemporáneo que, tras no haber conseguido reprimir por completo a las mujeres, siente su poder socavado constituye una cuestión delicada. Sus mujeres mienten por él con delicadeza. Adrienne Rich ha escrito un sucinto capítulo sobre el arte de mentir en su libro *Artes de lo posible*. Rich señala a que cuando dejamos de mentir creamos la posibilidad de que haya más verdad.

Por tanto, la siguiente vez que estuve en compañía del hombre que nunca miraba a su mujer, empecé a mirarlo mientras no miraba a su mujer: sentados a la mesa a comer, por ejemplo, o en el coche, o dondequiera que nunca la mirase. Me preguntaba qué pretendía comunicar esa ausencia de mirar. Intenté descubrirlo porque se supone que la mirada masculina funciona al revés: se mira a las mujeres, se supone que nosotras no miramos.

Quizá quisiera comunicar el desprecio que sentía por su mujer: si te miro, creerás que existes para mí. O, si te miro, verás que te quiero y no quiero que parezca que te quiero. O, al no mirarte nunca, te estoy comunicando mi deseo de que tú tampoco me mires nunca. Si me miras atentamente, verás que me siento patético, avergonzado e indefenso.

Podría haber sido cualquiera de esas cosas. Probablemente lo más complicado sería si la quisiera, pero no quisiera que se le notara. Eso habría sido difícil de transmitir, pero yo había explorado algo muy similar mediante el avatar de Isabel, la esposa y corresponsal de guerra de *Nadando a casa*, que osa no querer (ni mirar) al marido que la traiciona continuamente. No, bien pensado, decidí que estaba diciéndole a su mujer que para él no existía. Era un giro extraño del mito de la Medusa, así como de otros mitos. Los ojos de él, que se había arrancado como Edipo, de todos modos la miraban fijamente. Todo el tiempo. Intentaba deshacerse de ella. Era nada más y nada menos que una tentativa de asesinato.

Toda escritura consiste en mirar y escuchar y prestar atención al mundo. Charlotte Brontë sitúa en el centro de *Jane Eyre* ese tipo de mirada. Igual que las ardillas del manzano junto al cobertizo sabían que yo estaba allí todo el tiempo, la cruel tía de Jane, la señora Reed, cree que su joven sobrina pobre la observa constantemente.

¡… con esos modales incomprensibles y esos súbitos ataques de furia…! ¡Y esos ojos que no paraban de acecharnos!*

Eso era lo que sentía mi madre respecto a mí.

* Brönte, Charlotte, *Jane Eyre*, Literatura Random House, Barcelona, 2009, p. 303, traducción de Toni Hill. *(N. de la T.)*

9

SONAMBULISMO

Mi madre me enseñó a nadar y me enseñó a remar. Nació en Sudáfrica, creció en «la ciudad ventosa» de Port Elizabeth y añoró el mar todos los días de las cuatro décadas que vivió en el norte de Londres. Siempre decía que la segunda novela de Doris Lessing, *Martha Quest*, describía quirúrgicamente su vida, crecer en la esterilidad y la ignorancia de la cultura colonial blanca de Sudáfrica. En la vejez mi madre había descubierto una técnica natatoria para «entregarse al agua por completo». Había que flotar de espaldas, «vaciarse de pensamientos» y «rendirse a la corriente». Me enseñó su truco en las turbias lagunas de Hampstead Heath, flotando a lo Ofelia con los patos y las hierbas y las hojas.

Todavía intento aplicar su truco, pero solo aguanto diez segundos flotando antes de comenzar a hundirme. Igualmente, cuando pienso en la muerte de mi madre, solo aguanto diez segundos antes de comenzar a hundirme.

Conservo una fotografía de mi madre al borde de los treinta años. Está sentada en una roca durante un picnic con amigos. Tiene el pelo mojado porque acaba de nadar. Su expresión trasluce una introspección que yo ahora asocio a lo mejor de ella. Percibo que en ese momento al azar se siente cercana a sí misma. No estoy segura de que de niña o adolescente pensara que la introspección fuera lo mejor de mi madre. ¿Para qué necesitamos a madres soñadoras? No queremos madres que miren más allá de nosotros, que anhelen estar en otra parte. Necesitamos que nuestra madre sea de este mundo, vivaz, capaz, que esté siempre pendiente de nuestras necesidades.

¿Me burlaba de la soñadora que mi madre llevaba dentro y luego la insultaba por carecer de sueños?

Según el relato clásico, el padre es el héroe y el soñador. Se distancia de las necesidades de mujer e hijos y se adentra a zancadas en el mundo para atender a sus propios asuntos. Se espera del padre que sea él mismo. Cuando regresa al hogar que nuestras madres han construido para nosotros, o bien es acogido de vuelta en el rebaño o se convierte en un extraño que terminará necesitándonos más de lo que nosotros lo necesitamos a él. Nos cuenta algo de lo que ha visto por el mundo. Nosotros le regalamos una versión corregida de nuestra vida cotidiana. Nuestras madres conviven con nosotros en esa cotidianidad y las culpamos de todo porque están a mano. A la vez, tratamos de no confabular con los mitos acerca de su personaje y propósito en la vida. De todos modos, necesitamos que nuestra madre se angustie por nosotros: al fin y al cabo, nuestra vida cotidiana está repleta de ansiedad. Si no le revelamos lo que sentimos por ella, esperamos, no obstante, que lo comprenda misteriosamente. Y si avanza más allá de nosotros, si amenaza con devenir un ser que no esté a nuestro servicio, ha transgredido la tarea primaria, mítica, de ser nuestro apoyo y protección. Sin embargo, si se acerca demasiado, nos ahoga, infectando con su ansiedad contagiosa nuestro frágil coraje. Cuando nuestro padre hace las cosas que necesita hacer en el mundo, comprendemos que cumple con su deber. Si nuestra madre hace las cosas que necesita hacer en el mundo, sentimos que nos ha abandonado. Es un milagro que sobreviva a nuestros mensajes contradictorios, escritos con la tinta más envenenada de la sociedad. Bastan para volverla loca.

Creo que la madre, en todos los casos o casi, en el caso de todas las infancias, en el caso de todas las existencias que han seguido a esta infancia, la madre representa la locura. Queda como la persona más extraña y más loca que uno haya encontrado jamás.

Marguerite Duras, *La vida material**

De adolescente, la mayoría de las discusiones con mi madre eran por la ropa. La desconcertaba esa parte de mi interior que se manifestaba exteriormente. Ya no conseguía llegar a mí ni reconocerme. Y esa era mi intención. Yo trataba de crear un personaje más valiente de lo que era en realidad. Me arriesgaba a que se mofaran de mí en los autobuses y las calles de los barrios residenciales donde vivía. El mensaje secreto que acechaba en las cremalleras de mis botas plateadas

* Traducción de Menene Gras Balaguer para Plaza & Janés, Barcelona, 1987, p. 58. *(N. de la T.)*

de plataforma era que no quería ser como la gente que se mofaba de mí. A veces tenemos tantas ganas de no pertenecer algo como de pertenecer. Cuando tenía un mal día, mi madre me preguntaba: «¿Quién te crees que eres?». Yo no tenía ni idea de cómo responder a semejante pregunta con quince años, pero perseguía el tipo de libertad que una mujer joven no poseía socialmente en la década de 1970. ¿Qué otra cosa podía hacer? Convertirnos en la persona que otro ha imaginado por nosotros no es libertad, es hipotecar la vida por el miedo ajeno.

Si no podemos imaginar al menos que somos libres, vivimos una vida equivocada.

Mi madre fue más valiente en vida de lo que yo he sido jamás. Escapó de la familia WASP de clase alta a la que quería y se casó con un historiador judío sin un duro. Participó con él en la lucha por los derechos humanos en la Sudáfrica de su generación. Lista, sofisticada e ingeniosa, de joven no estudió en la universidad. Nadie consideró necesario decirle que tenía talento de sobra. De las mujeres de su clase se esperaba que se casaran en cuanto abandonasen el hogar familiar o después del primer empleo. Se suponía que debía ser un empleo nominal y no una carrera seria.

Mi madre aprendió mecanografía, taquigrafía y a vestir para complacer a sus jefes. Deseaba haber sido una secretaria menos dotada, pero fue su velocidad mecanógrafa la que alimentó y vistió a sus hijos cuando mi padre se convirtió en preso político. Me lo puso más difícil de lo que se demanda de una hija solícita, pero ahora veo que, para bien o para mal, yo no quería dejarla ser ella misma.

Al año de mudarme con mis hijas al piso de lo alto de la colina, mi madre enfermó mortalmente. Me pasaba las noches en vela esperando una llamada del hospital, cada hora marcada por el trino de los distintos pájaros de mi reloj. El ruiseñor cantaba justo antes de la medianoche, como si estuviera posado en las ramas del árbol que goteaba en el aparcamiento. Mi madre siempre decía que cuando muriese quería que subieran su cadáver a la cima de una montaña y lo devorasen los pájaros.

En las últimas semanas de agonía, mi madre no podía comer ni beber agua. Sin embargo, descubrí que era capaz de lamer y tragar una marca concreta de polos. Había de tres sabores: su favorito era el de lima, luego el de fresa y por último el de naranja asquerosa. Invierno no era la mejor época del año para que las tiendas tuvieran esos polos en particular, pero encontré provisiones en el congelador del colmado de mi barrio, propiedad de tres hermanos turcos. Solían vender champiñones en una caja que colocaban sobre la tapa del congelador, largo y bajo, plantado en mitad de la tienda. También sobre la misma tapa exponían boletos de lotería y productos de limpieza rebajados, latas de refrescos, betún para zapatos, pilas y pastas. Dentro del congelador estaban los polos que procuraban el único consuelo a mi madre moribunda. En aquel momento estaba tan devastada por el naufragio de mi matrimonio y el diagnóstico de cáncer de mi madre, ambos ocurridos con menos de un año de diferencia, que me sentía incapaz de explicarles a los hermanos por qué compraba polos a diario en febrero. Llegaba con expresión sombría, los ojos siempre llorosos, la bicicleta aparcada fuera. Sin mediar palabra, empezaba a apartar champiñones, boletos de lotería, productos de limpieza rebajados, latas de refrescos, betún para zapatos, pilas y pastas a un lado del congelador. Después abría la puerta corredera y buscaba los polos: encontrar los de lima era un éxito, encontrar los de fresa estaba bien, encontrar los de naranja no estaba mal. Siempre compraba dos y luego pedaleaba hasta el hospital al pie de la colina donde estaba muriéndose mi madre.

Me sentaba junto a su lecho y sostenía el polo pegado a sus labios, contenta de escuchar sus oohs y aahs de placer. Tenía siempre una sed insaciable. En la habitación había una nevera, que no tenía congelador, así que el segundo polo se derretiría, pero mi ritual exigía comprar siempre un par. En retrospectiva, no sé por qué no compré todos los polos de la tienda y los puse en el congelador de casa, pero en aquel momento tan difícil no se me ocurrió. Entonces, un día, pasó algo horrible en el orden universal de los polos. Como de costumbre, fui en bicicleta al colmado, aparté todo lo que había encima de la tapa del congelador y, bajo la mirada perpleja de los hermanos turcos, deslicé la puerta corredera. Resultó que había un cuarto sabor. Los hermanos se habían quedado sin lima, fresa y naranja asquerosa. Levanté la vista del congelador, directamente a los amables ojos castaños del hermano menor.

—¿Cómo es que solo tenéis polos con sabor a chicle?

Empecé a chillar: ¿por qué iba alguien a fabricar polos de chicle, no digamos ya a venderlos? ¿Qué sentido tenía? ¿Podían hacer el favor de reponer urgentemente los otros sabores, en particular el de lima?

El hermano no me respondió a gritos. Mantuvo su silencio perplejo mientras yo compraba airadamente dos polos con sabor a chicle. Mientras pedaleaba hacia el hospital sentía que aquello era una catástrofe, y de hecho así era, porque aquellos polos venían a ser lo único que la mantenía con vida un día más.

Probé en otras tiendas de camino al hospital, pero ninguna tenía la marca que le resultaba fácil de tragar. De modo que me senté junto al lecho de mi madre esquelética, desenvolví el polo de chicle y se lo acerqué a los labios. Lo lamió, hizo una mueca, lo probó otra vez y después negó con la cabeza. Cuando le conté que me había puesto a despotricar y gritar como una loca en la tienda, de su boca salieron unos sonidos mínimos, su pecho subió y bajó. Supe que estaba riéndose y ahora es uno de mis recuerdos favoritos de los últimos días que pasamos juntas. Esa noche, mientras leía un libro junto a su cama, eché una mirada arrepentida al polo de chicle derretido hasta formar una mancha rosa en el lavamanos. En realidad no leía, tan solo pasaba páginas, pero me consolaba estar con mi madre. Cuando la doctora entró en la habitación durante la última ronda, mi madre levantó una mano flaca y de algún modo consiguió que el hilo de voz que tenía entonces sonara imperioso y autoritario:

—Haga que pongan más luz. Mi hija está leyendo a oscuras.

Después del funeral, en marzo, pensé que debía volver al colmado y explicarles a los hermanos turcos mi extraño comportamiento. Cuando les conté las últimas semanas de mi madre se mostraron tan afectados que ni siquiera podían hablar. Negaron con la cabeza y suspiraron y gimieron. Al cabo de un rato, el mayor dijo: «Ojalá nos lo hubiera dicho». El hermano que vestía chaquetas modernas continuó la conversación: «Si nos lo hubiera dicho habríamos ido al mayorista a comprarle una tonelada de polos», mientras el tercer hermano, cuya voz era más aguda que la de sus hermanos mayores, se llevó la mano a la frente: «Lo sabía... ¿Es que no os dije yo que los compraba para alguien enfermo?». Los tres lanzaron una mirada furiosa al congelador, como si fuera responsable personalmente del horror de que el polo de chicle fuera el sabor equivocado para los últimos días de vida de mi madre. Esta vez me reí, lo cual les concedió permiso para reírse también. Supuso un gran alivio del terror de la muerte reconocer finalmente que además es siempre absurda. Estábamos de pie sobre las cajas de cartón aplanadas que extendían por el suelo para pro-

teger el linóleo de los pies embarrados de los clientes.
El cartón estaba empapado y manchado y se resbalaba
bajo nuestros pies mientras nos reíamos. Me sentí mucho mejor después de explicarles las cosas a los hermanos turcos y, en cierto modo, habría preferido explicárselas al padre de mis hijas.

Un domingo que regresé al colmado a comprar algunos de los champiñones que me había pasado semanas apartando airadamente a la otra punta del congelador, el hermano menor acababa de regresar de unas vacaciones en Turquía. Me entregó un objeto envuelto en papel de periódico y me dijo que era un regalo. Era una tacita de porcelana blanca que se deslizaba dentro de un recipiente de filigrana de plata, con una tapa ornada también de plata que se encajaba sobre la taza. Dijo que se había acordado de que una vez al comprarles un paquete de café turco yo había comentado que lo bebía en vaso.

—Pero los vasos son para el té —dijo—. Esta es la clase de taza que se usa para el café turco.

Entendí que se trataba de un regalo para darme el pésame.

A día de hoy, esa taza sigue recordándome que mi madre dejó este mundo. Todavía tengo que contarle al tendero que a veces cuando escribo preparo café turco en un pequeño cazo de cobre, lo vierto en esa misma taza y luego bajo la tapa de plata. Se ha convertido en parte de mi ritual de escritura. Sorber café fuerte y aromático desde la medianoche hasta el amanecer siempre aporta algo interesante a la página. Me he convertido en una sonámbula sin moverme de la silla de escribir. La noche es más suave que el día, más silenciosa, triste, serena, el sonido del viento golpeando las ventanas, el siseo de las tuberías, la entropía que hace crujir los tablones de madera, el fantasmal autobús nocturno que va y viene… y, en las ciudades, siempre se oye un ruido distante que se parece al mar y no obstante es solo vida, más vida. Comprendí que era justo lo que quería tras la muerte de mi madre. Más vida.

De algún modo pensaba que mi madre moriría y aun así seguiría viva. Me gusta pensar que está en alguna parte de ese sonido distante que se parece al mar en el que me enseñó a nadar, pero no está. Se ha ido, se ha esfumado, ha desaparecido.

Pocos meses después de morir mi madre leí unos fragmentos de *Cosas que no quiero saber* en un festival en Berlín. La traductora estaba sentada a mi lado. Habíamos acordado que leería tres frases en inglés y luego ella las traduciría al alemán para el público. Empecé a leer, y entonces llegué a una parte en la que, con siete años, estaba acostada en brazos de mi madre. Fue un impacto que no había previsto, un encuentro fantasmal.

Nuestras cabezas se rozaron. Era amor y era dolor.

Se me rompió la voz y me interrumpí a media oración. La traductora esperó a que terminara las tres frases acordadas. Se encontraba varada, con una frase a medias colgando entre las dos. Si las palabras eran trenes, habían aminorado la marcha hasta detenerse. Cuando por fin entraron en la estación, cubierta por el polvo del pasado africano, el tono de la traductora sonó práctico y seco… lo cual quizá fuera algo bueno. El esfuerzo de tratar de sacar palabras por la boca me devolvió a un año de mi infancia en el que no hablé. Cada vez que me pedían que hablara, que levantara la voz, las palabras huían, temblorosas y avergonzadas. Es siempre esa lucha por encontrar el lenguaje la que delata que está vivo, que es vital y de suma importancia. Nos dicen desde muy temprana edad que es bueno que sepamos expresarnos, pero se invierte tanto en refrenar el lenguaje como en encontrarlo. La verdad no es siempre el invitado más entretenido a la mesa y, en cualquier caso, tal como sugiere Duras, siempre somos más irreales para nosotros mismos que los demás.

Tras la lectura en Berlín, estaba sentada con mi editora alemana frente a la carpa de los escritores. Tenía una pregunta para mí.

—Cuando lees en voz alta, ¿eres actriz?

Se refería a la extrema emotividad con que aquellas líneas por fin habían sido ofrecidas al público. Era mi ocasión para explicarle que mi madre había fallecido recientemente y que me había impactado reencontrármela en las páginas de mi libro. Pero no lo dije. No dije nada. Así que los hermanos turcos habían corrido mejor suerte que mi editora.

—Estás muy pálida —me dijo.

Tampoco a eso supe responder.

Al cabo de un rato señalé a un vendedor de salchichas currywurst que había en el recinto del festival, y le expliqué a mi editora que quería escribir sobre un personaje, un protagonista masculino, que esperaba de pie junto a un puesto de salchichas, bajo la nieve de Berlín, a una persona a la que había traicionado.

—El currywurst no es una comida romántica —me interrumpió.

—Ya —repliqué—, pero el amor es como la guerra; siempre encuentra un camino.

En efecto, el amor encontró su camino en la guerra intermitente que manteníamos mi madre y yo. La poeta Audre Lorde lo dijo mejor: «Soy el reflejo de la poesía secreta de mi madre, así como de sus iras ocultas». En 1992 mi madre me mandó una postal desde Johannesburgo, adonde había viajado para visitar a los amigos que la habían ayudado a mantener a la familia durante los años de agitación política, en la transición del apartheid a la democracia.

Arranque memorable con la asistencia a las celebraciones por el cumpleaños de Walter Sisulu. He visto a gente que hacía cien años que no veía. Me he sentado junto a Nadine Gordimer. Es menuda y delgada y como un pajarillo y brillante.

Mi madre había marcado con boli una X en la fotografía de la postal y había escrito: «Estoy en la X». Parecía que se hallaba en un barrio situado detrás de un gran paso a nivel, cerca de una torre de comunicaciones y un rascacielos. Ahora esa X es lo que más me emociona, su mano asiendo el bolígrafo, apoyándolo en la postal, señalándome dónde está para que pueda encontrarla.

10

ESTOY EN LA X

Tras la muerte de mi madre perdí el sentido de la orientación geográfica durante varias semanas. Me perdía, como si una especie de sistema interno de navegación fuera a la deriva. En esa época de duelo no quería montar en bicicleta y me había descargado en el teléfono una aplicación de una empresa de taxis. Esta enviaba al chófer al punto donde debía recogerme, y la idea era que me condujera a mi destino gracias a la ayuda del GPS. Fue entonces cuando experimenté el terror primario de sentirme perdida en mi querido Londres y, no obstante, en manos de un conductor que no tenía la menor idea de adónde se dirigía. Estaba claro que la navegación por satélite no era una madre de fiar.

«¿Dónde estamos ahora? ¿Dónde estábamos antes?»

No eran preguntas que el chófer pudiera responder. El ojo de su mente no tenía una X. Si el GPS lo dirigía al sur cuando yo quería ir al norte, iba a ser lo que haríamos. El GPS era su única brújula. Estábamos conduciendo por el principio del Génesis cuando la Tierra era informe y estaba vacía... salvo por las indicaciones de la pantalla. Tenía la impresión de que los GPS habían desconectado la forma en que los conductores habitaban la ciudad. Los había convertido en seres desarraigados, ahistóricos, incapaces de fiarse de su memoria y sus sentidos, de calcular la distancia entre un lugar y otro. El río Támesis, que los londinenses llaman «el río», carecía de significancia geográfica para el conductor. Sus aguas salobres, mayoritariamente saladas, que fluían durante 350 kilómetros, no eran más que uno de los muchos ríos abstractos que corrían por las ciudades abstractas del mundo. «El río», otrora Puerto de Londres donde los aprendices comían salmón pescado en sus profundidades, ya era solo una gramática de signos digitales. Mientras escuchaba las instrucciones de la voz robótica, serena pero firme, comprendí que podríamos estar en cualquier parte, siempre y cuando la Voz nos acompañara. No había «puntos de referencia». El taxista no miró al Albert Hall cuando pasamos por delante de él en el extremo norte de South Kensington, era ajeno a la presencia física del monumento, y en cambio estaba *solo pero unido* existencialmente a su GPS. El Albert

Hall en inglés antiguo era un *landmearc,* un punto de referencia, una marca de tierra, pero él trabajaba solo con *mearcs* digitales... con el añadido de actualizaciones del tráfico en directo.

Quizá esta época de vértigo fuera tan extrema porque me habían separado de mis orígenes. Mi madre ya no era mi conexión entre África e Inglaterra. Su cuerpo había sido mi primer *landmearc.* Ella se había encargado de criar a sus hijos y la mayoría de los recuerdos de infancia se entretejían con su presencia en el mundo. Era mi GPS primario, pero ahora la pantalla se había apagado.

Mientras conducíamos por una ciudad antigua guiados por una Voz digital, también iba inmersa en los dispositivos manuales que llevaba conmigo. Se habían convertido, en palabras de la escritora Sherry Turkle, en mi «segundo yo», buscando contraseñas olvidadas o cualquier cosa en Google: al fin y al cabo, eran tantas las preguntas...

«¿Cómo se registra una muerte?»

En esa época me convertí en un imán para otras personas que se sentían perdidas en todos los sentidos. Hice un trayecto en un taxi negro londinense en que el conductor conocía perfectamente la ciudad, pero tenía la mente ida, hecha polvo. Hablaba como un loco. Me dijo que estaba buscando cajeros en Londres, agujeros en las paredes, para poder comunicarse con los extraterrestres que estaban esperando su mensaje. Decidí bajarme apresuradamente del coche antes de llegar al destino. Bien pensado, prefería a los conductores cuerdos que no tenían ni idea.

El hombre que lloró en el funeral me contó que él también había perdido el sentido de la orientación al morir su amante de tantos años. Tenía una semana libre en el trabajo y se ofreció a hacerme de chófer. Me aconsejó que me aprovechara de su tiempo y me sugirió que también me tomara una semana de descanso. Le respondí que no podía permitírmelo, pero al final cedí. Ese hombre sabía más o menos adónde iba. En ocasiones su nuevo amante, Geoff, venía con nosotros. Una vez, me encontré con una desconocida en el coche. Era la mujer de larga melena negra, Clara, que estaba sentada en el sofá de terciopelo rojo en la fiesta. Era su colega, una académica sudamericana que estaba en Reino Unido con una beca de investigación. Yo no tenía muy claro por qué iba con nosotros en el coche, pero me pareció que Clara disfrutaba del viaje. Cuando nos paramos en un atasco, sacó un bolígrafo y se puso a escribir en un trozo de papel. Se la veía algo atormentada, como si intentara desentrañar un pensamiento difícil, de modo que miré por encima de su hombro lo que estaba anotando.

tomates aguacates ~~limones~~ limas

Un día que íbamos recorriendo los tres kilómetros de Holloway Road, le dije: «Esto es Holloway Road. Recuerda un poco al mar Adriático». Clara se quedó mirando por la ventanilla los tres carriles de tráfico. Un coche patrulla, con la sirena encendida, pasó a toda velocidad por el carril bus. Latas de cerveza, paraguas rotos y un cartón vacío de patatas fritas para llevar se amontonaban en la acera. Clara preguntó cuál era la palabra inglesa para describir la superficie de la calle. Geoff, que llevaba las gafas colgando de una cadenita, se las subió a la altura de los ojos y atisbó por las lentes como si estuviera en la ópera. Le preguntó si se refería al «asfalto».

—Sí —respondió Clara—, debajo del asfalto está la playa.

Fue como irse de vacaciones en coche con tres compañeros interesantes.

El hombre que lloró en el funeral me contó que Clara era una catedrática distinguida y que sus alumnos no llegaban puntuales a las clases, llegaban antes. Estaba investigando las revueltas populares contra las élites militares y burocráticas. Resultó que le gustaba nadar a diario. Acordamos que podíamos ir juntas a nadar, pero solo si no hablábamos cuando estuviéramos en el agua. Nos llevaron en el coche a diversas piscinas por todo Londres y descubrimos que teníamos muchas cosas de las que hablar entre largo y largo de crol. Clara se trenzaba el pelo para nadar. Cuando perdió el anillo de turquesa en el agua le pidió al socorrista que vaciara la piscina. El hombre creyó que bromeaba, pero lo decía en serio. Al final encontramos el anillo junto a la piscina, donde lo había dejado entre las páginas de un libro. Nuestro chófer siempre estaba allí para recogernos cuando salíamos con las toallas húmedas enrolladas bajo el brazo. Íbamos a almorzar a pubs y paseábamos por los parques de Londres. Era primavera y los narcisos florecían entre la hierba. En cierto modo, tener chófer era como tener padre, pero sin la historia.

Clara se ofreció a prepararme una comida en mi casa. Acepté con la condición de que mi chófer temporal y su nuevo amante permanente se sentaran a la mesa con nosotras. Clara salió con la intención de comprar un pescado llamado tilapia, pero regresó con pargos. A mí me había encargado que comprara limas (no limones), aguacates y tomates. Me confesó que los pasillos comunes de mi bloque le daban un miedo atroz.

—Sí —le dije—, yo los llamo los Corredores del Amor.

Empezó a freír el pescado y la cocina se llenó de humo. Era una mujer tranquila, una compañía grata. También había traído una botella de aguardiente, un licor fuerte y anisado. Aseguraba que su agua de fuego ayudaba con las penas.

—Te atonta bastante.

Me habló de su ciudad, de su familia y de política. Me preguntó: ¿dónde, cuándo, dónde? Le conté que los primeros nueve años los pasé en Sudáfrica; el resto, en Gran Bretaña. Mientras exprimía las limas por encima de los pargos, me preguntó si añoraba la niñez en África. Le conté que consideraba la nostalgia una pérdida de tiempo. Nunca había querido proteger el pasado bajo sábanas polvorientas para impedir que cambiara. Ella me dijo que las semillas del futuro se plantan en el pasado. Por lo visto, las limas que había comprado no eran las adecuadas. Siguió haciéndome preguntas. Durante mi largo matrimonio había considerado un alivio que nunca me preguntaran nada. En su momento me convenía. Había muchas cosas de las que no quería hablar.

Clara cocinó y preguntó por los utensilios: «¿Dónde guardas las cucharas, dónde está la tabla de cortar, por qué hay una mariposa en la cocina?». Le dije que era una polilla. Charlamos sobre los domingos, el dim sum, la jalea de guayaba, el dinero, los hermanos, los mosquitos, las cosas buenas y malas de la mediana edad, que decidimos que eran mayoritariamente buenas. Hablamos de su investigación y de mi cobertizo, y de que Celia estaba leyendo un libro del escritor galés Alun Lewis titulado *Ha! Ha! Among the Trumpets*. Celia había encontrado aquel libro en la biblioteca del colegio cuando tenía quince años. Ahora me lo leía en la cocina de su casa, a los ochenta y cuatro. Clara pensaba que yo vivía *la dolce vita*.

Sí y No, repliqué. «¿Por qué Sí y No?» Apenas la distinguía a través de la humareda. Le expliqué parte de lo que quedaba en medio de Sí y No. Mientras Clara picaba una cebolla con el cuchillo de la mantequilla, dijo: «Deberías abrirles la puerta a nuestros amigos. ¿Sabes que el timbre no va bien?». Cuando regresé a la cocina, estaba friendo cebollas con chili en una sartén aparte del pescado.

Le pasé la sal a través del humo.

—¿Puedo hacerte una foto con mi teléfono? —me pidió.

—Vale, pero con tanto humo no verás nada. Por cierto, en el cajón hay cuchillos más afilados.

Flash.

Se guardó el teléfono en el bolsillo trasero de los vaqueros y me preguntó si alguna vez echaba sal marina en la bañera: «Suaviza el agua». Se había fijado en que el agua londinense que salía de los grifos de mi fregadero era muy dura.

—Por cierto, los profesores de mi universidad de aquí, de Londres, suelen ver críquet. ¿A ti te gusta?

Le dije que prefería la esgrima. Agarró un largo mechón de pelo negro que se le había soltado y se lo pasó por detrás del hombro, lejos de las llamas del quemador. Me contó que solía pelearse con sus hermanos con palos, lo cual se parecía mucho a la esgrima. Tenía que comprender que era la única niña de la familia y tenía siete hermanos. Costaba encontrar un rincón tranquilo para estudiar. En ocasiones hacía los deberes dentro del armario del hueco de la escalera. Su madre cocinaba para una familia de diez y luego se sentaba a solas en la cocina a comerse un pequeño cuenco de arroz. De pronto dio un respingo alejándose de la sartén y preguntó si tenía un pájaro en casa.

Le expliqué que acababa de oír la llamada del pájaro carpintero de mi reloj.

—Deberías librarte de esos estúpidos pájaros.

—Tiene gracia que lo digas —repliqué—, porque es lo mismo que le dije a una de mis alumnas de escritura creativa.

—A propósito, ¿por qué te gusta el reloj de pájaros?

Lo pensé un momento.

—Los pájaros me hacen compañía e interrumpen mis pensamientos tristes.

—Sí, lo comprendo.

En ese momento se la veía muy profesoral, incluso con la cuchara de madera en la mano.

—¿Sabes? —prosiguió—. A mi madre le gustaba comer sola en la cocina porque era el único lugar donde se oía pensar. No tenía otro lugar adonde ir. ¿Tienes un reloj de pájaros en el cobertizo?

Le respondí que no.

—El propósito de mi madre en la vida era parir. Vivía para su marido y sus hijos. No creía que fuera la peor vida posible. No era nada reservada. Era muy sociable. Todo el barrio le consultaba.

Me dijo que a mis hijas les gustaría el queso blanco típico de su tierra. Era suave y fresco.

—Así ¿qué? —dijo—. ¿Te imaginas viviendo con alguien otra vez?

—A distancia —respondí—. A larga distancia.

—No, entre que llegamos y partimos pasan demasiadas cosas para vivir a distancia. Las células del cuerpo cambian entre el momento de llegar y partir.

Le pedí que me hablara del anillo de turquesa.

Decidió no hacerlo.

—¿Qué es eso?

Señaló las redes de pescar de cuando mis hijas eran pequeñas, que estaban embutidas en el cuarto de las escobas.

Todavía no podía hablar de aquellas redes, de modo que no respondí. Eran portales al pasado, como las flores, como todo, tal vez como un anillo de turquesa.

Sacó una de las redes y la examinó.

—Esta caña es demasiado larga. Debería ser más corta para que puedas moverla con más rapidez para atrapar al pez.

En ese instante el hombre que lloró en el funeral se adentró en el humo con su amante.

—Estamos recapitulando el pasado —dijo Clara, señalando la red de pesca—, pero en el fondo es un deseo reaccionario de silenciar lo que sabemos.

11

PASOS POR LA CASA

«¿Dónde estamos ahora? ¿Dónde estábamos antes?» Estaba en la estación internacional de St. Pancras de Euston Road, esperando a coger el Eurostar a París para la publicación en francés de *Nadando a casa*. Por lo visto tenía que llegar a la Gare du Nord a tiempo para una entrevista-desayuno. Eran las cuatro de la mañana y estaba consultando las pantallas de salidas, con un café en vaso de papel en la mano. Algo más allá, en el interior de la estación, se veía una estatua de bronce de un hombre y una mujer entrelazados en un abrazo amoroso. ¿Llegaban o partían?

Me rodeaban todos los ruidos y señales del viaje: gente empujando maletas, la comprobación de último momento de la documentación, la compra de botellas de agua y periódicos. Mientras escuchaba los anuncios de cancelaciones y llegadas, lo que me vino a la cabeza, salido de la nada hasta llegar al amanecer naranja de Londres, fue el tren al que había subido mi familia justo después de arribar a los muelles de Southampton procedente de Sudáfrica en 1968. Aquel tren nos llevaría a la estación de Waterloo. Yo iba sentada al lado de mi hermano y, en los asientos de pasillo del otro lado, viajaban nuestros padres. Todos contemplábamos INGLATERRA por la ventanilla.

Siempre me había dicho que había sido un viaje en tren feliz. Sí, la historia que me había contado a mí misma decía que íbamos riendo y charlando y comiendo patatas fritas. Esa mañana en la estación internacional de St. Pancras comprendí que el trayecto en tren a Waterloo había sido aterrador. Tenía nueve años. ¿Dónde estaban nuestras cosas? ¿Dónde estaba mi ropa? ¿Mis juguetes? ¿Dónde estaban nuestras pertenencias? ¿Los muebles de la casa familiar? En todo caso, ¿dónde viviríamos en Inglaterra? ¿Iría al colegio? No habíamos ido riendo y charlando. Había ido leyendo con ansiedad los nombres de todas las estaciones de camino a Waterloo. Las manos de mi madre temblaban cuando le mostró al revisor los billetes. Mi padre estaba mirando por la ventanilla. Mi madre estaba mirando a sus hijos.

Allí es donde estaba antes.

Para cuando encontré mi vagón y subí al Eurostar, el recién recuperado sonido de mi familia inquieta, callada, en aquel tren salido del puerto de Southampton persistía, mareante, en mis oídos. Había tardado mucho tiempo en escucharlo. Aún más en sentirlo. Los pasajeros del Eurostar, como yo, iban medio dormidos. Los hombres se habían afeitado, algunas mujeres se habían maquillado. Encontramos nuestros asientos, nos quitamos las chaquetas, colocamos portátiles, tablets y smartphones sobre las mesas. El tren partió de St. Pancras e inició el viaje hacia Francia, que duraría poco más de dos horas.

A mi lado se sentó una joven, de unos diecisiete años, con el pelo teñido de azul. Se había conectado mediante auriculares al portátil y estaba aprendiendo francés con un programa de idiomas básico. Tenía que repetir las palabras que pronunciaba una voz robótica en francés. Lógicamente no podía repetirlas en voz alta en el vagón, pero movía los labios, horadados por un diminuto aro de plata, mientras susurraba verbos y nombres. Eché un vistazo a la pantalla apoyada en la mesa que compartíamos y vi una nota que le explicaba que en francés existen dos géneros gramaticales, el masculino y el femenino; una mujer era femenino, pero también una silla, mientras que el pelo era masculino.

Para viajar, la chica se había trenzado el pelo azul, en dos trenzas, sus extremos sujetos por cintas adornadas con pequeños capullos de algodón rosa. Resultaba un pelo muy expresivo. Me había contado que era de Devon y, al preguntarle de qué parte de Devon, me dijo: «Del campo».

Cuando el Eurostar llegó a la estación internacional de Ashford, la última parada antes de entrar en el túnel submarino, un hombre de setenta y pocos años se sentó enfrente de nosotras. Le preguntó a la adolescente si le importaría apartar el ordenador para dejarle sitio en la mesa. La chica se colocó el portátil en el regazo. Fue un pequeño reajuste espacial, pero con el resultado de que ella se había retirado completamente de la mesa para cederle el sitio al periódico, el bocadillo y la manzana del anciano.

Al cabo de un rato, el hombre me contó que iba a París a recoger un par de zapatos que su mujer se había olvidado en la habitación del hotel. Por lo visto hacía poco que habían pasado un fin de semana en la ciudad para celebrar su aniversario de bodas. Su mujer le había dicho que no se molestara en hacer el viaje solo para recuperar los zapatos, pero él le contestó que no tenía más remedio que hacerlo porque no confiaba en que el servicio de correos los mandara a su casa de los North Downs, en Kent. Cuando se llevó la manzana a los labios y la mordió, me incliné hacia la chica y le dije:

—Esa manzana es femenino… en francés.

—*La pomme* —dijo ella, frunciendo el ceño, pero lo que en realidad dijo fue «La pomme?», como si no estuviera segura de que fuera correcto, de ahí que frunciera el ceño.

Mientras, el hombre me contaba que, desde luego, no le apetecía nada el viaje de regreso de París.

—Ya sabe —susurró—, los inmigrantes y los refugiados se cuelan en el túnel y trepan al techo de los trenes. —Se señaló la oreja derecha—. Tienes que prestar atención y estar atento al ruido de los pasos.

—¿Usted lo hará? —le pregunté—. ¿Estará atento por si se oyen pasos en el techo del tren?

—Ah, sí. Y los oiré.

Le pregunté si los zapatos que su mujer se había olvidado en París eran especiales. Al fin y al cabo, viajaba de vuelta a París para recuperarlos.

Para entonces la chica del pelo azul se había quitado los auriculares de las orejas, en parte porque resultaba demasiado incómodo concentrarse en el programa de idiomas con el ordenador en las rodillas.

El hombre nos explicó que los zapatos de su mujer eran ortopédicos. Su mujer tenía una pierna más corta que la otra y por tanto utilizaba un alza en el zapato izquierdo. Ese zapato llevaba oculto un tacón interno y estaba confeccionado para ayudarla a corregir el equilibrio y alinear la columna.

Yo quería preguntarle qué tipo de zapatos se había puesto su mujer (anónima) para el trayecto de vuelta a Kent desde París. Si se había olvidado aquel par de zapatos vitales en la habitación del hotel, ¿tenía otro par de zapatos ortopédicos de recambio? Me pareció indiscreto pedirle que explicara mejor el tema de los pies de su mujer, pero él solo aclaró que «sin esos zapatos en concreto, no oía sus pasos por la casa». Normalmente, el hombre sabía si su mujer se dirigía al baño o estaba bajando las escaleras porque el zapato izquierdo golpeteaba contra el suelo. Ahora que la mujer llevaba un calzado más ligero, a él le costaba seguir sus movimientos, lo cual, según dijo, le «estresaba un poco».

Le pregunté si le preocupaba que su mujer se cayera.

No, su mujer tenía buen equilibrio. De hecho, ella prefería los zapatos más ligeros, pero el hombre necesitaba urgentemente recuperar el par ortopédico de París para poder oír los pasos de su mujer por la casa.

Parecía obsesionado con los pasos. Me pregunté si la mujer no se habría olvidado los zapatos en París a propósito para evitar que el marido supiera dónde estaba en todo momento. Ciertamente, si treparan inmigrantes al techo del tren, también sería con intención de escabullirse. Se diría que el hombre se había impuesto la tarea de garantizar que nadie se escabullera mientras él estaba de guardia.

Como el hombre se había terminado la manzana, le sugerí a la joven que volviera a apoyar el ordenador en la mesa. Lo hizo, pero en un ángulo extraño para dejar sitio al periódico del anciano, que ocupaba el centro de la mesa. Cuando le pedí al hombre que lo apartase un poco para dejar hueco al portátil, me pidió dos veces que se lo repitiera, como si no comprendiera mi manera de emplear la lengua inglesa. Al final le dije «La chica está estudiando» y, cuando tampoco lo entendió, añadí: «Está trabajando».

Un anuncio en inglés y francés nos informó de que estábamos a punto de entrar en el túnel. A continuación se amplió la información en ambos idiomas. Viajaríamos treinta y ocho kilómetros y medio por debajo del mar durante catorce minutos.

Allá vamos, adentro. Atravesamos lo que en otro tiempo fue un océano de caos y oscuridad. Mareas bajas. Mareas altas. Plancton. Coral. Cincuenta metros por debajo del lecho marino.

El Eurostar era en realidad un submarino. Cerré los ojos y caí en un sueño ligero acosado por ruidos de pasos. Primero el tap tap de los zapatos ortopédicos con alza que encadenaban a la mujer sin nombre. Esos pasos fueron apagándose en el denso zumbido general del túnel submarino, cada vez más y más, casi desaparecieron, pero yo los oía de todos modos. ¿Serían inmigrantes caminando por el techo del tren? No. Era el ruido de unos pies desnudos sobre el asfalto. ¿A quién pertenecen esos pasos? ¿Los pasos pertenecen a alguien? Sí, son de ella.

Tiene nueve años y está cruzando el asfalto de Holloway Road.

Su madre, ahora fallecida, le ha cortado mal el flequillo con unas tijeritas para las uñas. Ella soy yo, y camina bajo la lluvia hacia mi casa familiar, hacia mi antigua vida. Mi vida de casada. Lleva la dirección apuntada en el brazo, todavía bronceado a pesar de que ya hace dos meses que vive en Inglaterra. Lleva un vestido veraniego y va descalza. Se ha detenido, obediente, frente al disco en rojo, que ahora ha aprendido que en Inglaterra se llama «semáforo», igual que la salsa de tomate se llama «kétchup» y las papas fritas son «patatas fritas». Pide indicaciones y su acento suena extraño. La gente es amable. Ella no para de sonreír, es encantadora y bonita. Tiene los ojos verdes, las cejas son negras. Encuentra suficientes personas amables para que la orienten en la dirección correcta. A algunas les sorprende que no lleve zapatos, pero nunca los lleva si puede evitarlo. Encuentra la calle que sale de Holloway Road cerca del parque Whittington. Está buscando la casa victoriana donde su yo de mediana edad, una mujer de cuarenta y tantos años, ha formado un hogar para su familia.

Cuando llama a la puerta del semiadosado victoriano, una mujer grita: «¿Quién eres?». Tiene acento inglés, voz grave.

«Soy tú», grita la niña con un fuerte acento sudafricano.

La lluvia continúa cayendo sobre la niña varada ante la puerta de su yo adulto e inglés más o menos asimilado, que se acobarda al otro lado de la puerta. ¿Qué pasará si invita a esa niña de nueve años a su casa con sus cañerías victorianas y sus hijas inglesas, una de doce años, la otra de seis, que están viendo juntas *The Great British Bake-Off* en la tele del salón?

La niña extranjera es terca y no se va. Huele a otro lugar. A plantas que han crecido en suelo africano, a aceras de cemento calientes tras la tormenta, a arrancar la piel rugosa de los lichis. Lleva el sol en las puntas de sus cabellos, solo ha nadado en océanos donde se han instalado redes para mantener alejados a los tiburones, ha llorado al ver el buzón donde metía las cartas para su padre. Durante los cuatro años que su padre fue un preso político que luchaba por la democracia en el sur de África, ella pasó un año de su vida prácticamente muda, pero ahora aporrea la puerta con valentía. Cuando por fin se abre, entra. Los pies desnudos y mojados dejan un rastro en el pasillo. Gira a la izquierda hacia el salón y se acomoda de un salto en el sofá con las niñas inglesas. Son las hijas que dará a luz a sus treinta años.

Mary Berry prueba un bizcocho. Paul Hollywood está partiendo un trozo con sus grandes manos para comprobar que esté tierno y ligero. La niña sudafricana parece contenta, absorta en los placeres de la pastelería. Su yo de mediana edad la observa con cautela. No quiere que les cause problemas a sus hijas y les diga que se preocupen por problemas de verdad cuando se quejen de que no tienen la marca apropiada de deportivas para la escuela. Nunca ha querido que sus hijas tengan que ser valientes. Valientes como los niños que huyen de guerras en botes que hacen aguas. ¿Cuántas medallas necesita un niño que le impongan en el pijama? No ha aprendido nada que le indique que tener que reunir un gran coraje, mucho más del que nadie tendría que soportar, sea sano para un niño. Ha presenciado en su país de nacimiento el valor de los niños africanos que perdieron a sus padres en la lucha por los derechos humanos como otros niños pierden los dientes de leche.

Observa cómo su yo de nueve años conviene con sus hijas inglesas que el pastel de la izquierda es el mejor porque la mermelada se ha extendido de manera uniforme y no es demasiado dulce, y vitorea cuando los jueces le dan la razón. Está encantada de que la niña extranjera parezca sentirse en casa en su casa. Crear un hogar familiar requiere tiempo, dedicación y, sobre todo, empatía. Ser hospitalaria con los extraños es el sentido de crear un hogar, aunque esa niña no es exactamente una desconocida.

Y entonces todas vuelven la cabeza. Un hombre ha entrado en la habitación con una cerveza en la mano derecha. La niña que no es exactamente una desconocida no sabe que se trata del inglés con el que se casará dentro de veinticinco años. Él no la ve. Se conocerán en Cambridge, donde ella vivirá en unas habitaciones enfrente de la residencia Wittgenstein.

La tragedia llega cuando el árbol, en lugar de doblarse, se rompe.

Convivirán en esa casa durante más de dos décadas. Y su matrimonio, en lugar de doblarse, se romperá. Empaquetarán todos los moldes para hacer pasteles y descolgarán el reloj de la cocina.

En la Gare du Nord mi editora me recibe en la entrada y me acompaña a la entrevista-desayuno. Lo primero que me preguntan es el significado de estas líneas, que escribí en aquella casa junto a Holloway Road.

La vida solo merece la pena porque esperamos que mejorará y todos llegaremos a casa sanos y salvos.

12

EL PRINCIPIO DE TODO

Mi mejor amigo se había casado por tercera vez. Había insistido en comprarse la chaqueta amarilla para lucirla en la boda y ahora se refería a ella como su Papel Pintado Amarillo. En el libro homónimo de Charlotte Perkins Gilman, una mujer intenta escapar de su marido y de su vida a través del papel pintado amarillo de la casa familiar.

Una noche mi mejor amigo se presentó, sin previa invitación, en mi piso a las once de la noche llevando esa chaqueta, que curiosamente todavía conservaba en la solapa el imperdible que había sujetado el ramillete nupcial de acianos azules. No tenía pinta de querer irse a su casa. Hacia medianoche estábamos de pie en el balcón de mi ruinoso bloque de apartamentos de la colina cuando vimos que algo se aproximaba volando por el cielo. Al principio no distinguimos lo que era, pero luego vimos que en lugar de una cosa eran tres. Pájaros. Cuando se posaron en la baranda del balcón, mi amigo empezó a toser, más bien a carraspear, pero no pareció espantarlos. Los pájaros habían vuelto la cabeza a un lado, como si estuvieran mirando a otra parte, pero sabíamos que nos observaban. Cuando nos inclinamos para mirar más de cerca las plumas de sus crestas pensamos que podría tratarse de loros. No les gustó que los escrutaran tan descaradamente, de hecho, se diría que los alteró más que la carraspera. El más flaco empezó a picotear y estirarse de las plumas, lo cual nos incomodó, de manera que decidimos volver adentro y buscarlos en internet.

Mientras sacaba mi portátil, los dos confesamos que al ver los pájaros volando hacia nosotros se nos había disparado la imaginación. Tal vez fueran drones o incluso misiles. Abrí el ordenador y me puse a buscar a los loros en Google. Mi amigo se sentó a mi lado, acodado en la mesa, sirviendo más vino mientras mirábamos la pantalla.

—¿Sabes una cosa? —pregunté—. Este año ha estado lleno de pájaros por todas partes. No sé qué pasa. Todo empezó con el reloj de pájaros.

Por lo visto en Londres vivían colonias de loros salvajes. Decidimos que nuestros pájaros se parecían más a las cacatúas. Les gustaba comer lagartijas, semillas, frutas, raíces y plantas.

Regresamos al balcón a echarles otro vistazo. El pájaro del final de la fila, el flaco que se había picoteado las plumas, se había cambiado el sitio con el del medio, más orondo. Las plumas amarillas de sus alas coincidían más o menos con la fotografía de unas cacatúas que acabábamos de observar en la pantalla. Pensamos que debíamos alimentarlos, así que partimos una manzana y un plátano y dejamos los trozos en la pequeña mesa redonda situada debajo de la baranda. No pareció interesarles, de modo que les dimos la espalda y regresamos dentro a terminarnos la botella de vino.

Mi amigo alzó la copa.

—Por todos los años que hace que nos conocemos y por nuestra larga amistad.

Brindamos.

—Por cuando teníamos quince años y éramos inmortales —prosiguió—. Y por nuestros pobres padres, a los que angustiábamos constantemente. Y por recuperarnos de los golpes de los últimos años. Ya no tenemos unos simples rasguños. De hecho, estamos heridos.

Lo estaban llamando al móvil.

—Será Nadia —dije.

—No, no es mi mujer —insistió—. Es un robot que quiere venderme un seguro. A Nadia le da igual dónde estoy. La aburro, nada de lo que digo le interesa. Por lo visto ya sabe lo que voy a decir y le molesta tener que aguantar el rato que tardo en decirlo. De hecho, apenas soporta ni mirarme, está agobiada y mi cuerpo le repugna.

—Deberías irte a casa.

—No. —Ahora gritaba—. No me estás escuchando. Ya no me siento a gusto en mi propia casa.

—Lo lamento.

—No, no, no lo entiendes. —Se tiró del poco pelo que le quedaba—. La quiero y eso es el principio de todo.

Me dijo que era una cita de F. Scott Fitzgerald.

—No es que sea una grandísima persona, pero tampoco soy el peor partido posible. ¿No crees?

Le dije que estaba de acuerdo. Y que en lo que a mí respectaba era uno de los personajes principales de mi vida.

—¿Cómo que «personaje»? Yo no soy un personaje.

Le conté que los ejecutivos cinematográficos me habían pedido que confeccionara una lista de personajes principales y secundarios.

—De hecho —dije—, eres un protagonista secundario.

—¿Qué? ¿Encima me degradas?

—Sí.

Los veía a él y a Nadia en una parodia de una película de Jean-Luc Godard, ambos susurrando en una cafetería junto a una estación de tren, dirigiéndose por turnos a la cámara (en voces en off fragmentadas) para explicar que todo era imposible y que su fracaso a la hora de comunicar su amor solo ahondaba su soledad y que el desprecio mutuo los destrozaba.

«Soy infeliz contigo y soy infeliz solo.»

El problema desde el punto de vista de un guionista radicaba en que él nunca podría ser un protagonista de Godard porque tenía los dientes demasiado blancos y no era lo suficientemente reflexivo para recitar un monólogo interior largo.

—Es cierto, no soy tan listo —admitió—. Nadia también me encuentra intelectualmente deficiente. Ella es mucho más lista que yo. De todos modos —me tomó la mano y la besó como un gigoló anticuado—, no quisiera echar sal en la herida, pero la soledad no te sienta tan bien como te crees.

Preparé café turco y lo serví en dos tacitas.

¿Era cierto que la soledad no me sentaba bien? En mi antigua vida a veces me sentía irreal. ¿Qué significaba «irreal»?

Si alguna vez me sentía lo bastante libre para escribir mi vida tal cual la sentía, ¿el objetivo sería sentirme *más* real? ¿Qué estaba buscando? Más realidad no, eso seguro. Desde luego no quería escribir el personaje protagonista que siempre se había escrito para «Ella». Me interesaba más una protagonista inédita.

Oíamos a los pájaros a través de las paredes cuando volvió a sonarle el teléfono.

Esta vez dedujo que era la factura de Uber.

—¿Has venido en un Uber?

—Sí.

—¿Por qué no vuelves a casa en un Uber?

—Llamaré a un taxi.

Se quitó la chaqueta amarilla y se tumbó boca arriba en el suelo, las manos en la nuca, mirando al techo. Yo me eché en el sofá, me descalcé y estiré las piernas. Era agradable haraganear con alguien al final del día. No tener que hablar ni pedirle al otro que saque la basura o que arregle algo roto o que comentemos algo sobre los niños (aunque lo hacíamos a menudo) y saber que nos deseábamos lo mejor de todo corazón, no lo peor. Debí de quedarme dormida, porque me despertó el roce de algo en la mejilla. Al principio creí que habían entrado los pájaros, pero era solo una hebra del sofá. El timbre, que ya estaba arreglado, estaba sonando. Era Nadia, alta y majestuosa, envuelta en un abrigo grueso.

—¿Está aquí?

—Sí.

—Son las cuatro de la madrugada. Tiene que recoger a mi padre en Heathrow a las ocho.

La invité a pasar y echó un vistazo a su marido, que dormía en el suelo. Le dio unos toquecitos en la barriga con la punta de la bota y presionó fuerte con el cuero hasta que mi amigo abrió los ojos.

—Hola, Nadia.

Estiró los brazos para que lo ayudara a levantarse del suelo. Su mujer no se dio por aludida y él se quedó con los brazos estirados, mientras las manos de ella permanecían en los bolsillos del voluminoso abrigo.

La imagen me acompañó durante mucho tiempo.

La animé a salir a ver a los pájaros.

La cacatúa más chillona daba vueltas alrededor de un trozo de manzana mazada que había encontrado en la mesa. Nadia quiso saber de dónde habían salido.

Le respondí que no lo sabía. Habían llegado justo después de medianoche, en trío.

Nadia alzó la mirada al cielo y se estremeció, como si la infinidad gris ocultara un número desconocido de exóticas criaturas aladas esperando a aterrizar.

—Mira qué niebla —dijo—, ¿de dónde ha salido? Tal vez se retrasen los vuelos a Heathrow. Que conduzca él, así dormiré en el asiento trasero hasta que lleguemos a la Terminal 3.

Cuando se marcharon en realidad todavía no se habían dirigido la palabra, pero pensé que de todos modos estaban enamorados. Me bebí un vaso de agua fría y luego eché un poco de agua en un cuenco para los pájaros y lo saqué al balcón. La niebla todavía no se había levantado, pero vi a la cacatúa oronda en el medio de la fila. Había levantado la cabeza crestada y se sacudía con todas sus fuerzas. Un fino polvillo blanco se elevó desde las profundidades del plumaje y cayó a sus pies como si fuera sal.

13

LA VÍA LÁCTEA

Hablo con mi madre por primera vez desde que falleció. Escucha. Escucho. Para variar. Le cuento que estoy escribiendo una novela sobre una madre y una hija. Se produce un largo silencio. ¿Cómo estás, madre mía, dondequiera que estés? Espero que haya búhos cerca. Siempre te gustaron los búhos. ¿Sabes que unos días después de que murieras, rebuscando en un centro comercial de Oxford Street, encontré un par de pendientes en forma de búho con los ojos de cristal verdes? De pronto me embargó una felicidad inexplicable. «Se los compraré a mi madre.»

Los llevé al mostrador para pagarlos, pero mientras la dependienta me los cogía de las manos, caí en la cuenta de que estabas muerta.

«Oh No No No No»

Cuando pronuncié estas palabras en voz alta soné loca y trágica, como de otro siglo. Me marché, dejando a la dependienta con las pequeñas joyas de búho en las manos. En aquel momento estuve muy cerca de comprender la manera en que Hamlet pronuncia las palabras más tristes de Shakespeare. Es decir, no solo las palabras en sí, sino cómo sonarían al decirlas él.

No suenan bonitas, eso seguro. No veía el momento de salir de la tienda.

«Oh No No No No»

La pena no tiene siglo.

Empecé a plantearme por primera vez cómo la pluma de Shakespeare había movido los labios de Hamlet para que se abrieran y se cerraran y volvieran a abrirse para pronunciar esas palabras que pugnaban por salir y que tan acertadamente describían el modo en que mi mente no podía aceptar tu muerte. Y entonces leí que escribió *Hamlet* el año que falleció su padre. El verso que más me llega de toda la obra es la réplica de Hamlet cuando le preguntan qué está leyendo.

Palabras, palabras, palabras.

Creo que intenta decir que no tiene consuelo.

Las palabras pueden encubrir todo cuanto importa.

No veo fantasmas pero te oigo escuchar.

La guerra ha terminado para ti.

He aquí algunas noticias sobre los vivos. Todo este año me han visitado pájaros, de una u otra manera. Algunos son reales y otros son menos reales.

Pero tus búhos son verdaderos. He dejado de pensar en por qué estoy obsesionada con los pájaros, pero tal vez tenga algo que ver con la muerte y la renovación. En otoño preparé un jardín nuevo en el cuarto de baño. El cactus alto estaba mal desde hacía tiempo, luego se encogió y se secó. Me metí de pie en la bañera y lo bajé de la balda. Conservé el cactus plateado más pequeño, pero esta vez planté jazmín, azucenas y helechos. ¿Sabes que el jazmín, como el azahar, desprende un aroma de otro mundo pero que a veces huele a desagüe? El helecho pende por encima de la bañera; las azucenas ajustan su posición según la luz. El pequeño cactus plateado con los brazos apuntando al techo parece estar rezando para que llueva.

Y yo también. Todos los días son duros.

«Y adoro la lluvia.»

Gracias por enseñarme a nadar y a remar. Gracias por los trabajos de mecanógrafa que llenaron la nevera. En cuanto a mí, tengo cosas que hacer en el mundo y tengo que ponerme a ellas y ser más despiadada que tú.

14

BUENAS NUEVAS

Quedé con el padre de mis hijas para consensuar el día de Navidad. Eran las segundas navidades desde que nos habíamos separado, aunque habíamos caminado codo con codo, juntos pero distanciados, durante muchos años. Hablamos del menú y qué cocinaría cada uno, y compartimos ideas de regalos para las niñas. Estábamos en una cafetería de una cadena, sentados uno enfrente del otro en sendos butacones de cuero marrón. Por los altavoces sonaba una canción de Joni Mitchell. Hablaba de odiar y querer a alguien, pero fingimos no darnos cuenta.

Comentamos las noticias y hablamos del tiempo. Ni una sola vez mencionamos la tempestad que hundió el barco. Los dos seguíamos enfadados con el otro, pero estábamos serenos y a mí, desde luego, me tenía perpleja que nunca me aburriera. Era como si hubiéramos pactado, desde el momento mismo de conocernos, saber menos del otro en lugar de más. Aceptaba que había sido el error fatal que nos había distanciado y confiaba en que lo haríamos mejor con otras personas.

No me arrepentía de no haber nadado de vuelta al *Gran Plata*, pero sí lamentaba no haber encontrado el mantel de algodón egipcio blanco la Navidad anterior. Al final había puesto un mantel de papel blanco. No quedaba igual de bien, pero les había sugerido a las niñas que nuestra mesa parecía una de esas *brasseries* francesas donde el camarero anota el pedido en una esquina del mantel de papel y más tarde suma allí la cuenta. No recordaban la clase de *brasserie* que tenía en mente y preguntaron si pensaba cobrarles la comida de Navidad a los invitados. Este año adornaría el mantel de algodón egipcio blanco con velas, bayas rojas, acebo y muérdago. Se nos sumaría su padre y también invitaría a sentarse a la mesa al hombre que lloró en el funeral y a su nuevo amante. Y a Celia, obviamente, si podía hacerme un hueco en su apretada agenda. Decidimos servir salsa de arándanos además de salsa de pan, e intercambiamos trucos sobre cómo prepararlas. No había forma de que pudiéramos consolarnos mutuamente por el dolor oculto que había contribuido al naufragio, ni por nuestra falta de ganas de volver nadando al barco. Aun así, era verdad que la máscara social de marido y esposa, que habíamos lucido durante tanto tiempo, había caído y volvíamos a vernos. Quizá lo que veíamos era demasiado humano para soportarlo. Nos levantamos, nos pusimos el abrigo y nos despedimos con un beso.

La noche anterior había visto una entrevista en televisión a una mexicana de mediana edad que trabajaba fregando platos en un casino de Las Vegas. Había criado a siete hijos, tenía a uno sirviendo en los Marines, habló sobre su huida a Estados Unidos cuando era joven. Al principio la escuchaba solo a medias y luego le presté toda mi atención. Sus palabras crearon un espacio, un espacio completamente abierto dentro de mí. «Crucé la frontera sola, sentí la oscuridad negra y azulada, el aullido de los coyotes, el sonido de las plantas.»

Cuando una mujer tiene que encontrar una forma nueva de vivir y rompe con la historia social que ha borrado su nombre, se espera que se odie a sí misma atrozmente, que enloquezca de dolor, que llore arrepentida. Son las joyas reservadas para ella en la corona del patriarcado, siempre a su disposición. No faltan las lágrimas, pero es mejor atravesar la oscuridad negra y azulada que quedarse con esas joyas que nada valen.

Marguerite Duras sugirió en una ensoñación nacida de la tranquilidad de su última casa, un hogar que había construido a su gusto, que «la escritura llega como el viento».

Está desnuda, es la tinta, es lo escrito, y pasa como nada pasa en la vida, nada, excepto eso, la vida.*

La escritura que estás leyendo ahora está hecha a partir del coste de vivir y está hecha con tinta digital.

---

* Duras, Marguerite, *Escribir*, Tusquets, Barcelona, 1994, p. 56, traducción de Ana María Moix. *(N. de la T.)*

El tríptico «Autobiografía en construcción» lo completan:

Cosas que no quiero saber **(2019)**

Levy arranca estas memorias como una respuesta al ensayo *Por qué escribo*, de George Orwell. En ellas, se ve abocada a regresar a los rincones de su pasado a los que no quería volver, como su infancia en el Johannesburgo del apartheid donde su padre fue encarcelado; o su adolescencia en Londres, escribiendo en servilletas de bares y soñando con una habitación propia. A través de la fuerza poética de su escritura, la autora traslada al lector a esos momentos con la calma y el aplomo de quien ha aprendido todo lo que sabe (y no querría saber) a cambio de encontrar su propia voz.

Una casa propia **(2022)**

En la tercera y última parte de su «Autobiografía en construcción», Levy se encuentra, a sus cincuenta y nueve años, con una casa minúscula y ahora ya vacía de familia. Lista para abrir una nueva página de su vida, la autora teje una estimulante y audaz reflexión sobre el significado del hogar y de los espectros que lo acechan.

A través de sus recuerdos, hace inventario de sus posesiones reales e imaginarias y cuestiona nuestra forma de entender el valor de la vida intelectual y cotidiana de la mujer. Después de *Cosas que no quiero saber* y *El coste de vivir*, esta obra es la culminación de una autobiografía escrita en el fragor de una vida que no está solamente protagonizada por Levy, sino por todas las mujeres que la sostienen con una red invisible.